MARCO POLO

Reisen mit Insider Tipps

CÔTE D'AZUR
MONACO

MARCO POLO Autor
Peter Bausch

Seit dem Studium in Südfrankreich pendelt der Journalist mit seiner französischen Frau zwischen Württemberg und der Provence. Für Marco Polo betreut er die Reiseführer Provence, Côte d'Azur und Loire-Tal, schreibt aber auch für Publikationen wie die „Riviera Côte d'Azur Zeitung". An der Côte d'Azur genießt er die Küche, die Kunstmuseen, den Kulturrausch im Sommer und das Licht im Winter.

www.marcopolo.de/cotedazur

← **UMSCHLAG VORN:**
DIE WICHTIGSTEN HIGHLIGHTS

Die besten Insider-Tipps → S. 4

Best of ... → S. 6

Monaco → S. 32

Nizza → S. 40

4	**DIE BESTEN INSIDER-TIPPS**
6	**BEST OF …**
	● TOLLE ORTE ZUM NULLTARIF S. 6
	● TYPISCH CÔTE D'AZUR S. 7
	● SCHÖN, AUCH WENN ES REGNET S. 8
	● ENTSPANNT ZURÜCKLEHNEN S. 9
10	**AUFTAKT**
16	**IM TREND**
18	**STICHWORTE**
24	**ESSEN & TRINKEN**
28	**EINKAUFEN**
30	**DIE PERFEKTE ROUTE**
32	**MONACO UND UMGEBUNG**
40	**NIZZA UND UMGEBUNG** NIZZA, VENCE
54	**CANNES UND UMGEBUNG** ANTIBES, CANNES, GRASSE
66	**DIE WESTLICHE KÜSTE** FRÉJUS/ST-RAPHAËL, HYÈRES-LES-PALMIERS, MASSIF DES MAURES, ST-TROPEZ, TOULON

SYMBOLE

INSIDER TIPP Insider-Tipp
★ Highlight
●●●● Best of …
☼ Schöne Aussicht
☺ Grün & fair: für ökologische oder faire Aspekte
(*) kostenpflichtige Telefonnummer

PREISKATEGORIEN HOTELS

€€€ über 120 Euro
€€   80–120 Euro
€   unter 80 Euro

Die Preise gelten pro Nacht für zwei Personen im Doppelzimmer ohne Frühstück zur Hauptsaison

PREISKATEGORIEN RESTAURANTS

€€€ über 35 Euro
€€   25–35 Euro
€   bis 25 Euro

Die Preise gelten für ein Menü mit mindestens zwei Gängen ohne Getränke

INHALT

DAS HINTERLAND 82
LES ALPES MARITIMES, CASTELLANE,
COTIGNAC, ENTREVAUX

AUSFLÜGE & TOUREN 94
SPORT & AKTIVITÄTEN 100
MIT KINDERN UNTERWEGS 104
EVENTS, FESTE & MEHR 108
ICH WAR SCHON DA! 110
LINKS, BLOGS, APPS & MORE 112
PRAKTISCHE HINWEISE 114
SPRACHFÜHRER 120

REISEATLAS 124

REGISTER & IMPRESSUM 138
BLOSS NICHT! 140

Cannes → S. 54

Die westliche Küste → S. 66

Das Hinterland → S. 82

Reiseatlas → S. 124

GUT ZU WISSEN
Geschichtstabelle → S. 12
Spezialitäten → S. 26
Bücher & Filme → S. 52
Der Traum vom Paradies → S. 71
Was kostet wie viel? → S. 118
Wetter in Nizza → S. 119

KARTEN IM BAND
(126 A1) Seitenzahlen und Koordinaten verweisen auf den Reiseatlas
(0) Ort/Adresse liegt außerhalb des Kartenausschnitts
Karten zu Monaco, Nizza und Cannes finden Sie im hinteren Umschlag

Es sind auch die Objekte mit Koordinaten versehen, die nicht im Reiseatlas stehen

**UMSCHLAG HINTEN:
FALTKARTE ZUM
HERAUSNEHMEN →**

FALTKARTE 🗺
(🗺 A–B 2–3) verweist auf die herausnehmbare Faltkarte

Die besten MARCO POLO Insider-Tipps

Von allen Insider-Tipps finden Sie hier die 15 besten

INSIDER TIPP Parfum ganz exklusiv
Dieser Duft ist einmalig: In der Parfumfabrik Galimard in Grasse stellen Sie sich Ihr ganz eigenes Parfum zusammen (Foto re.) → S. 64

INSIDER TIPP Schlemmen und schlafen
Im Dorf Cabris ist die Auberge du Vieux Château eine gute Adresse für Feinschmecker. Nach dem Schlemmen bereitet der Schlaf im Baldachinbett bestens auf das Mahl am nächsten Tag vor → S. 65

INSIDER TIPP Meer auf Schritt und Tritt
Einer der schönsten Küstenpfad-Abschnitte liegt auf der Halbinsel Giens. Vom kleinen Hafen La Madrague aus wandern Sie zwei Stunden immer am Meer entlang → S. 73

INSIDER TIPP Kunst im Keller
Wo andere Gastronome ihren Wein lagern, horten die Wirtsleute vom Café des Arcades in Biot Kunst. Über 40 Jahre haben Mimi und André Brothier ihre Schätze im Gewölbekeller gesammelt → S. 48

INSIDER TIPP Baden in der Großstadt
Wunderschöne Strände hat man am Rand von Toulon in einer der schönsten Buchten des Landes künstlich angelegt → S. 80

INSIDER TIPP Schöner Schnorcheln vor der Goldinsel
Vor der kleinen Goldinsel Port-Cros bei Hyères ist ein Unterwasserweg angelegt. Sie brauchen nur Schnorchel und Badehose, um die Unterwasserwelt zu erleben → S. 103

INSIDER TIPP Biodorf
Die Winzer machten den Anfang und verzichteten ganz auf Chemie. Inzwischen setzen auch die Bauern in Correns fast ausschließlich auf biologischen Anbau → S. 91

INSIDER TIPP Rennboot mit Fliesen
Keramikfliesen aus Salernes sind gefragt, nicht nur für Küchen und Entrées. Heimische Unternehmer wie Alain Vagh bepflastern auch Rennboote oder Autos mit den traditionellen *tomettes* → S. 91

INSIDER TIPP Waten durch den Var

Unternehmen Sie einen Spaziergang durch die spektakuläre Daluis-Schlucht, die der Fluss aus dem leuchtend roten Gestein gespült hat
→ S. 93

INSIDER TIPP Süße Blüten

Rosenblätter, Jasmin- und Veilchenblüten werden im Hinterland der Côte d'Azur nicht nur zu Parfum verarbeitet. In Pont-du-Loup findet man noch ganz andere Verwendung dafür. Die Confiserie Florian verwandelt die zarten Blütenblätter in herrliche Naschereien; nicht die Nase, sondern der Gaumen ist hier der Adressat für die feinen Aromen. Sie können bei der Herstellung zuschauen und kosten → S. 95

INSIDER TIPP Grüner wird's nicht

Eine großartige Sammlung konkreter Kunst von Yves Klein bis Joseph Beuys finden Sie in dem 26 m hohen, grell-grün gestrichenen Museumsturm in Mouans-Sartoux
→ S. 96

INSIDER TIPP Affenbrücken-Kraxeln

Wen Spaziergänge langweiligen, der sollte sich an eine Via Ferrata, einen Klettersteig, wagen. Die Via Ferrata von Colmiane-Valdeblore hat ideale Bedingungen für schwindelfreie Anfänger (Foto li.)
→ S. 103

INSIDER TIPP Mimosenrausch

Familiäres Vergnügen: Mit einem prachtvollen Blumenkorso durchs Bergdorf begrüßt Bormes-les-Mimosas jedes Jahr Ende Februar den Frühling → S. 108

INSIDER TIPP Palazzo suchen

So einfach ist es gar nicht, das Palais Lascaris in der Altstadt von Nizza zu finden → S. 42

INSIDER TIPP Das Blau des Yves Klein

Im Museum für zeitgenössische Kunst in Nizza wird wie sonst nirgendwo auf der Welt klar, dass Yves Klein zu seinem unverwechselbaren Blau einfach kommen musste
→ S. 43

BEST OF ...

TOLLE ORTE ZUM NULLTARIF
Neues entdecken und den Geldbeutel schonen

SPAREN

- **Große Gratiskultur**
Sogar Museen mit Weltkunst wie das *Musée d'Art Moderne et d'Art Contemporain* sind in Nizza gratis. Das gilt auch für andere städtische Kunsttempel wie das barocke *Palais Lascaris* in der Altstadt → S. 43, 42

- **Mit dem Auto ans Meer**
Als Fußgänger haben Sie auf der Halbinsel von St-Tropez immer freien Zugang zum Strand. Für Ihr Auto müssen Sie allerdings überall Parkgebühren zahlen – es sei denn, Sie fahren in den Westen der Halbinsel: Am *Strand von Escalet* steht Ihr Wagen kostenlos am Meer → S. 72

- **Kunst-Spaziergang auf der Mauer**
Wo gibt es das schon: ein Spazierweg der besonderen Art auf der mittelalterlichen Stadtmauer und dazu wunderschöne Ausblicke auf zeitgenössische Kunst – alles gratis. Im exklusiven *St-Paul-de-Vence* haben sich die vielen Galerien des Dorfes zusammengeschlossen und präsentieren Skulpturen in Gassen und auf Plätzen → S. 53

- **Betörende Düfte**
Möchten Sie wissen, wie die großen Nasen arbeiten? Die drei berühmten Parfumfabriken *Fragonard*, *Galimard* und *Molinard* in Grasse öffnen ihre heiligen Hallen für Besucher → S. 63

- **Ruhige Kugel**
Natürlich ist das Pétanque-Spiel in Südfrankreich als Volkssport ein Gratisvergnügen. In St-Tropez allerdings ist es ein bisschen mehr: Hier können Sie nämlich auf der *Place des Lices* Prominenten dabei zusehen, wie sie eine ruhige Kugel schieben, und zwar ganz ohne Eintrittskarte (Foto) → S. 76

- **Flusswärts**
Das Meer ist nicht alles und im Hochsommer, wenn es an der wuseligen Küste keine Parkplätze gibt, ist Süßwasser eine erfrischende Alternative. Zu den schönsten Naturbädern gehört das Tal *Vallon Sourn* am Argens-Fluss gleich am Ausgang des Biodorfs Correns – probieren Sie's aus! → S. 91

●●●●● Diese Punkte zeichnen in den folgenden Kapiteln die Best-of-Hinweise aus

TYPISCH CÔTE D'AZUR
Das erleben Sie nur hier

● *Defilee der Luxuskarossen*
Wenn Sie wissen wollen, welche Luxusautos bei den Promis gerade gefragt sind, spazieren Sie vorm *Spielcasino von Monte Carlo* auf und ab: Dort entsteigt die Klientel Karossen von Lamborghini über Maserati bis Ferrari → S. 35

● *Ein Museum nur für Matisse*
Das *Matisse-Museum* in Nizza ist eins jener Häuser an der Côte, die sich einem einzigen Künstler widmen. In seinem ehemaligen Wohnhaus erleben Sie, wie der Maler sein Werk entwickelt hat → S. 44

● *Gartenpracht*
Reiche Zuwanderer entdeckten die Côte d'Azur als Garten. Durch eine der schönsten Parkanlagen können Sie auf der Halbinsel von Cap Ferrat spazieren: Im *Park der Villa von Baronin Béatrice Ephrussi* werden Sie mit immer neuen Ausblicken aufs Meer belohnt → S. 48

● *Juwelen auf dem Dorf*
Bestaunen Sie in der *Kirche Ste-Marguerite in Lucéram* an der ehemaligen Salzstraße den kostbaren barocken Kirchenschatz und die Meisterwerke der Nizza-Schule aus dem 15. Jh. → S. 49

● *Palastherberge am Meer*
Das *Negresco* in Nizza gehört zu den Dinosauriern des Luxus an der Côte. Der herrliche Palast beherbergt seit 1913 Fürsten, Kaiser, Filmstars, Pop- und Opern-Diven. Beim Drink in der Bar erschnuppern Sie einen Hauch seiner unvergleichlichen Atmosphäre (Foto) → S. 47

● *Sehen und gesehen werden*
In französischen Cafés sind praktisch alle Stühle zur Straße hin aufgestellt. Sehen und gesehen werden ist die Devise, die vor allem für legendäre Etablissements wie das *Café Le Sénéquier* am Hafen von St-Tropez gilt. Wenn Sie als Insider gelten wollen, dann nähern Sie sich den roten Stühlen von der Gebäudeseite her → S. 77

● *Mit Muße shoppen*
Hektik ist auf dem *Dienstagsmarkt in Cotignac* nicht angesagt. Schwelgen Sie zusammen mit den Einheimischen im reichen Feinschmeckerangebot an frischem Obst und Gemüse → S. 90

BEST OF ...

SCHÖN, AUCH WENN ES REGNET
Aktivitäten, die Laune machen

● **Buntes im Aquarium**
Während draußen der Himmel grau über der Küste hängt, ist in den Becken des *Musée Océanographique* in Monaco mit 4000 bunten Fischen, Krebsen und Korallen Farbenpracht angesagt (Foto) → S. 35

● **Endlos shoppen**
Die 100 Geschäfte und Boutiquen im großen Einkaufszentrum *Nicetoile* in Nizza bechäftigen Sie mindestens einen verregneten Nachmittag lang → S. 46

● **Regendorf**
Ist es nur ein kurzer Schauer, reicht ein Kaffee unter den Arkaden in *Biots* Altstadt. Dauert der Regen länger, lassen Sie sich im Café des Arcades die Kunstsammlung im Gewölbekeller zeigen. Kommt es zum Dauerregen, erleben Sie in den Glasbläser-Werkstätten wie aus glühenden Klumpen elegante Stücke entstehen → S. 48

● **Funkelnde Steine**
Tiefgrünes Olivenit und leuchtend rotes Kobalt-Adamit wurden einst in der *Kupfermine von Cap-Garonne* in Le Pradet gefunden. Heute ist dort eins der schönsten Mineralienmuseen Frankreichs eingerichtet → S. 81

● **Zurück zu den Wurzeln**
Wie im Flug vergehen die Regenstunden im phantastischen *Musée des Merveilles* von Tende. Reisen Sie hier Jahrtausende zurück in die Vergangenheit der Côte d'Azur → S. 85

● **Veilchen im Zuckermantel**
Kandierte Früchte sind eine der Spezialitäten des Südens. In der *Confiserie Florian* in Pont-du-Loup dürfen Sie zuschauen, wie Mandarinen und Zitronen kandiert werden, Veilchenblüten einen Zuckermantel bekommen und Rosenbonbons entstehen. Und probieren dürfen Sie natürlich auch → S. 95

REGEN

ENTSPANNT ZURÜCKLEHNEN
Durchatmen, genießen und verwöhnen lassen

● *Dinner mit Meeresrauschen*
Direkt am Strand mitten in Nizza serviert das Restaurant *Plage Beau Rivage* frische, exquisite Küche zum Dinner. Das Schönste daran: Der Lärm der Stadt bleibt draußen, Sie dürfen sich ganz dem Meeresrauschen hingeben → S. 45

● *Wohlig temperiert*
Das Bad im geheizten Meerwasser und die Anwendungen in den *Thermes Marins* neben dem Casino in Monaco sind zwar teuer. Aber mit etwas Glück holen Sie sich das Geld für die Massagen mit entspanntem Pokerface am Spieltisch zurück → S. 37

● *Klösterliche Ruhe auf der Insel*
Falls Sie eine echte Auszeit nehmen möchten: *St-Honorat* ist eine Oase der Ruhe. Um 18 Uhr verlässt das letzte Boot die Insel vor Cannes, dann begleitet nur noch das Meeresrauschen die Mönche und ihre wenigen Gäste im Kloster (Foto) → S. 61

● *Genuss wie in alten Zeiten*
Lust auf echte provenzalische Spezialitäten? Dann empfiehlt sich ein Ausflug in die Schluchten des Verdon. Hier, im bistrot de pays *La Terrasse* im Dorf Rougon, werden Köstlichkeiten wie zum Beispiel Lammragout serviert. Genuss in aller Ruhe, wie in alten Zeiten → S. 89

● *Wohlgefühle aus Fernost*
Der neueste Wellness-Trend an der Côte kommt aus Asien. Ob Shiatsu- oder Tuina-Massage, nach einem Aufenthalt im *Monte Carlo Spa Mirabeau* in Monaco oder im *Le Velvet Room* in Juan-les-Pins werden Sie sich fühlen wie nach einem Wellness-Trip nach Fernost → S. 16

● *Frische Brise*
Im Sommer ist die einzige Straße nach St-Tropez ein kilometerlanger Dauerstau. Warum also nicht mit dem Schiff von Ste-Maxime aus übersetzen? Statt in gesalzene Parkgebühren investieren Sie so besser in die Zeit in einem der schönen Cafés → S. 79

AUFTAKT

ENTDECKEN SIE DIE CÔTE D'AZUR!

Luxus, Trubel, Paläste und exotische Blütenpracht am Meer, beschauliche Ruhe, grandiose Naturschauspiele und einsame Felsendörfer im Hinterland: Die Côte d'Azur ist das Land der harten Kontraste. Doch die ziehen sich ja bekanntlich an. Das milde Mittelmeerklima und die Sonne genießen die 20 000 Menschen, die in den Firmen des Hightechparks Sophia-Antipolis arbeiten, genauso wie die sensiblen Nasen, die sich in Grasse, der Welthauptstadt des Parfums, auf eine 400 Jahre alte Tradition berufen. Oder wie die Millionen von Urlaubern an der Küste, die Frankreich mit schöner Regelmäßigkeit den Titel des Tourismusweltmeisters bescheren.

Kaum ein Landstrich in Europa hat sich in den letzten 200 Jahren so oft und so schnell gewandelt wie die Region zwischen Toulon im Westen, Menton im Osten, den Verdon-Schluchten und dem Parc National du Mercantour im Norden. Jahrhundertelang war die Küste nur Durchgangsstation zwischen Nordeuropa und Italien. Am Meer lebten arme Fischer, im Hinterland arme Bauern. Kein Wunder, dass sich aus der tiefen Vergangenheit nur wenige architektonische Glanzlichter in die Neu-

Bild: Strand von Escalet südlich von St-Tropez

Wahrzeichen der ersten Schickeria-Welle: Villa Ephrussi auf Cap Ferrat

zeit gerettet haben. Natürlich gibt es die Spuren der Römerzeit in Fréjus und das Siegesdenkmal von Kaiser Augustus in La Turbie hoch über Monaco. Die Grafschaft Nizza, erst seit 1860 französisch, war im 17. Jh. fruchtbarer Boden für die Baumeister und Künstler der Barockzeit. Die lang vergessenen Felsendörfer im Hinterland haben ihr mittelalterliches Ensemblebild bewahrt. Die Landflucht vor 100 Jahren hat Dörfer wie Ste-Croix, Grimaud und Bormes-les-Mimosas zwar ausgeblutet, aber die Bausubstanz nicht angegriffen.

> **Die Côte d'Azur – ein Kind der modernen Freizeitgesellschaft**

Es gibt keine hässlichen Neubauten mitten auf dem Kirchplatz, keine Bankfilialen von der Stange. Wer Saorge im Roya-Tal oder La Garde-Freinet im Massif des Maures aus dem Dornröschenschlaf erweckte, hatte Geld – und Geschmack. *Villages* wie Villecroze sind liebevoll restauriert, alte wie neue Bewohner dekorieren mit Blumen und einfachen Mitteln Plätze und Brunnen, schaffen eine Idylle, die von Ruhe geprägt ist.

2800–1300 v. Chr.
Felszeichnungen im Vallée des Merveilles nördlich von Nizza belegen die bronzezeitliche Besiedelung

4. Jh. v. Chr.
Griechen gründen Nikaia (Nizza) und Antipolis (Antibes)

49 v. Chr.
Nach der Eroberung Galliens gründet Julius Cäsar Forum Julii, heute Fréjus

6 v. Chr.
Die Römer unterwerfen die Alpenvölker und errichten das Siegesdenkmal in La Turbie

1297
François Grimaldi erobert die Burg von Monaco

AUFTAKT

Aber die Côte d'Azur, die ihren Namen erst 1887 von Stephen Liégeard, einem Unterpräfekten mit literarischer Ader, bekommen hat, ist und bleibt ein Kind der modernen Freizeitgesellschaft. Es zählt nur das Heute, Hier und Jetzt. Blaues Meer, klarer Himmel und vor allem Sonne – viel Sonne. Reisende aus England entdeckten Mitte des 19. Jhs. das milde Klima für sich. Hyères, Nizza und Cannes waren die ersten internationalen Fremdenverkehrsorte überhaupt. Die europäische Aristokratie flüchtete aus dem kalten, tristen Winter in den Süden, nutzte die Côte d'Azur als Spielwiese für ihre verrücktesten Träume

> **Eine Spielwiese für die verrücktesten Träume der Aristokratie**

und hatte großen Anteil daran, dass sich die Region in einen kunstvollen Garten Eden verwandelte. Die Einheimischen schüttelten noch den Kopf, als der Pariser Botaniker Gustave Thuret 1857 auf dem Cap d'Antibes Palmen, Kakteen, Zypressen und Eukalyptusbäume züchtete. Die exotischen Bäume, wie die aus Australien importierten Mimosenbäume mit ihrer sattgelben Blütenpracht im Spätwinter, gehören heute ebenso zur Côte d'Azur wie das blaue Meer, die tiefgrünen Aleppokiefern und die strahlend gelben Zitronen von Menton.

Die verschwenderische Pracht der Flora hat ihr Pendant in der Architektur. Die kosmopolitische Schickeria baute ihre Paläste ohne Rücksicht auf historisch gewachsene Stadtbilder. Das vom Pariser Opernbauer Charles Garnier entworfene Spielkasino von Monte-Carlo, die gigantischen Fassaden der Luxushotels Negresco in Nizza oder Carlton in Cannes, die Villa der Baronin Ephrussi de Rothschild auf Cap Ferrat, der Nachbau der antiken griechischen Villa Kérylos in Beaulieu oder das schlichte Bauhaus-Gebäude der Familie de Noailles in Hyères sind Beispiele für die neuen Wahrzeichen.

Das Markenzeichen Côte d'Azur ist in der Belle Epoque zu Beginn des 20. Jhs. entstanden – im Winter. Heute scheint es unglaublich, dass erst 1931 einige mutige Hoteliers ihre Häuser ausgerechnet in der Jahreszeit öffneten, die den alten Aristokraten zu heiß geworden war. Heute lebt die Côte d'Azur vom Sommertourismus. Im Juli und August herrscht Ausnahmezustand. Alles ist überfüllt: die Straßen, die Hotels, die Campingplätze, die wunderschönen Buchten. Die Preise steigen mit den Temperaturen, ganz selten sind Parkplätze am Meer wie an den berühmten Stränden rund um St-Tropez umsonst. Das Fischerdorf, von impressionistischen Malern um 1900 entdeckt, ist nach

1789 Nach der Französischen Revolution wird das Fürstentum Monaco als Fort Hercule annektiert und nach Napoléons Eroberung von Nizza eine Gemeinde im Département Alpes-Maritimes

1815 Napoléon landet am 1. März in Golfe-Juan, seine „Herrschaft der Hundert Tage" endet mit der Schlacht von Waterloo

1878 Charles Garnier baut das Spielkasino von Monte-Carlo

1942 Deutsche und Italiener besetzen Südfrankreich

1950 zum Inbegriff des internationalen Jetsets geworden. Schrittmacher waren erst Literaten aus Paris, Filmleute wie Roger Vadim und Brigitte Bardot, Playboys wie Gunter Sachs und schließlich Schlagerstars wie Johnny Hallyday. An den Stränden von Pampelonne und Tahiti trugen sie ihre Haut zu Markte, lockten mit braun gebrannten Körpern die Regenbogenpresse an, die auf immer neue Skandale hoffte.

Die Berühmten haben längst vor den Blechlawinen kapituliert, die im Sommer die Strecke rund um den Golf zur Tortur machen. Und St-Tropez und die Halbinsel von Ramatuelle stehen heute erneut als Symbol für neue Entwicklungen. Weg vom Massentourismus, Schutz von Küstenstreifen und Natur sowie drastische Bauvorschriften sind die Ansätze, um die Schönheit der Landschaft für die Zukunft zu bewahren. Denn es gibt sie noch, die stillen und einsamen Buchten zum Baden, mitten in der Hochsaison in einem der größten Touristenzentren der Côte d'Azur. Ausgerechnet auf der Halbinsel, die alle Milliardäre und Millionäre Europas kennen, ist der Zugang zum Meer praktisch für jedermann offen. Und eben die Strände, an denen der Nachwuchs der Reichen mit seinen Champagnerpartys der Überflussgesellschaft die Krone aufsetzt, sollen in Zukunft Modell für Umwelt- und Naturschutz werden. Sehr wichtig für das neue Bewusstsein in Frankreich ist das *Conservatoire du Littoral*, das bei St-Tropez zu retten versucht, was zwischen Cannes und Nizza zum großen Teil schon verloren gegangen ist. Dank der späten Erkenntnis, dass diese Küste eben nicht nur ein Freizeitparadies für ein paar Sommerwochen ist, sondern ein Geschenk der Natur, mit dem Menschen pfleglich umgehen sollten, um Fauna und Flora langfristig zu bewahren.

> **Es gibt sie immer noch: die stillen, einsamen Buchten**

Auch in der Landwirtschaft hat das große Umdenken eingesetzt. Es sind vor allem Winzer, die auf Chemie verzichten und merken, dass guter Wein in diesem Klima kein Hexenwerk ist. Spektakulärstes Beispiel ist das kleine Dorf Correns. Bürgermeister und Weinbauer Michael Latz hat dabei aus wirtschaftlichen Gründen auf Bio gesetzt. Der klassische (Weiß-)Wein wurde vor der Flaschenabfüllung zum Billigtarif an Großhändler verscherbelt, aber der Erlös deckte nicht mal mehr die Kosten. Mit biologischem Anbau öffneten die Winzer aus dem Hinterland eine Marktnische und sind heute stolz auf den Wein, den sie in ganz Europa mit dem Etikett Correns zu

1944 Befreiung der Côte d'Azur durch die Alliierten

1946 Erste Filmfestspiele in Cannes

1969 Start für den Bau des Technologiezentrums Sophia-Antipolis im Hinterland von Antibes

1990 Einweihung des Museums für moderne und zeitgenössische Kunst in Nizza

2005 Nach dem Tod Fürst Rainiers III. übernimmt Sohn Albert II. die Regentschaft über das Fürstentum Monaco

AUFTAKT

Sommer in Cannes. Kaum zu glauben, dass die Pioniere der Côte d'Azur einst nur des milden Winters wegen kamen

ordentlichen Preisen verkaufen. Das Beispiel macht Schule: Mittlerweile verzichten selbst die Gemüsebauern im Dorf auf Chemie. Wer offen ist, entdeckt auf den Märkten an der Côte d'Azur und im Hinterland längst vergessene Gemüse- und Obstsorten. Die Geschmacksnerven jubilieren: So also können Tomaten und Aprikosen schmecken, wenn die Bauern Vertrauen zur Natur haben.

Die Natur als grandioses Schauspiel erleben Neugierige weitab der Küste in den Schluchten, die Flüsse wie der Verdon, der Var, der Loup und die Roya in die Felsen geschnitten haben. Winzige Dörfer wie Aiglun und Roquestéron setzen im Norden von Grasse und Vence auf Wassersport- und Wandertourismus. Von den spektakulären, in leuchtend rote Felsen gefrästen Gorges du Cians ist es nur eine kurze Strecke in den

Das Umdenken hat eingesetzt – ein ganzes Dorf wirtschaftet grün

Nationalpark des Mercantour. Dort sind, nicht einmal zwei Autostunden von der turbulenten Küste entfernt, sogar die Wölfe wieder heimisch geworden.

Entdecken Sie die Küste und mit Alpes-Maritimes, Var und Alpes-de-Haute-Provence drei der schönsten Départements Frankreichs. Dieser Reiseführer nimmt Sie mit auf den Weg von Toulon nach Menton, immer am Meer entlang. Nicht nur Autofahrer, sondern auch Spaziergänger erwarten herrliche Aussichten. Allein im Département Var sind mehr als 250 km des *sentier littoral*, des Küstenwanderpfads zwischen Bandol und St-Raphaël, erschlossen. Packen Sie also die festen Schuhe neben die Badehose und lassen Sie sich ein auf die blaue Küste der Kontraste!

IM TREND

1 Bio-Boom

Nizza ist grün Die azurblaue Küste entdeckt ihre grüne Seite. In den Hotels, wie dem *HI Hotel (3, Av. des Fleurs, www.hi-hotel.net)*, wird Bioküche serviert. Leckereien und kleine Mitbringsel tragen ebenfalls das Ökosiegel, dank cooler Shops wie dem *Sirop T (4, rue de la Poissonnerie, www.sirop-t.com, Foto)*. Nizzas jährlich stattfindende Biofood-Messe *Bionazur* informiert Neugierige über nachhaltige Trends für Bauch und gutes Gewissen *(www.nicexpo.org/bionazur)*.

2 Asia-Import

● ***Wellness*** Der heißeste Spa-Trend wurde aus Fernost importiert. Im *Monte Carlo Spa Mirabeau* sorgt die Shiatsu-Massage für Entspannung *(2, av. de Monte-Carlo, Monaco, www.montecarlospa.com, Foto)*. In *Le Velvet Room* wird Verspannungen mit der chinesischen Tuina-Massage der Kampf angesagt *(67, bd. Raymond Poincaré, Juan-les-Pins, www.levelvetroom.com)*. Nicht nur die Behandlungen, sondern auch das Interieur von *La Bulle d´Isis* entführt die Gäste in eine ferne Welt *(37, rue Masséna, Nizza, www.labulledisis.fr)*.

3 Salon de Thé

Teestunde in Frankreich Der Siegeszug der Teesalons ist nicht aufzuhalten. Jetzt hat der Trend um den heißen Aufguss auch die Côte d'Azur erreicht. Bei *A l'Etage* werden Getränke und die dazu passenden süßen und herzhaften Speisen besonders stilvoll serviert *(4, av. de Verdun, Nizza, www.a-letage.fr)*. Nicht nur ein Teesalon, sondern auch ein Geschäft für schönes Glas und gut designte Küchenutensilien ist *Fleur de café*. Lassen Sie sich die hausgemachten Tartes nicht entgehen *(7, rue du Maréchal Joffre, Nizza, Foto)*!

An der Côte D'Azur gibt es viel Neues zu entdecken. Das Spannendste auf dieser Seite

Tierischer Schneespaß

Skijöring Die Côte d'Azur bietet mehr als nur Sonnenschein und Wassersport. Die blaue Küste kann nämlich auch ganz weiß sein — schneeweiß. Bis zu 1800 Meter sind die Gipfel des Nationalpark Mercantour hoch. Gemütliche Sportler holen sich da eine PS-starke Hilfe. Beim Skijöring werden Sie auf Ihren Skiern von Pferden gezogen. Angeboten wird der Sport von Marc Ducrez in Valdeblore *(La Colmiane, www.colmiane.com)*. In Castérino übernehmen Huskys das Kommando. So können Sie die Natur ganz entspannt vom Schlitten aus genießen *(Roya Bévéra, www.sherpa merveilles.com)*. Weitere Informationen zum Wintersport in den Bergen gibt es unter *www.cotedazur-montagne.com*.

Glamping

Campen mit Stil Die Luftmatratze brauchen Sie hier höchstens für den Strandbesuch. Statt Null-Komfort-Zelten steht für trendbewusste Urlauber Glamour-Camping auf dem Plan. An der Côte d'Azur wird Stil von jeher großgeschrieben, kein Wunder dass die Region so schnell auf den Glamping-Trend aufgesprungen ist. Luxuriöse Hütten stehen im *Riviera Village* – fast fühlt man sich dort wie in einer Tiki-Hütte in der Südsee. Allerdings mit den Vorzügen von Klimaanlage und Satellitenfernsehen *(Route des Plages, Ramatuelle, www.riviera-villages.com, Foto)*. Nicht am Strand, sondern in den Bergen befinden sich die Luxus-Jurten von *Terre d'Arômes* *(Séranon, www.terre-d-aromes.com)*. Komfortable Hütten für bis zu sechs Personen gibt es im Vier-Sterne-Campingdorf *Les Tournels* mit Blick auf die Bucht von Pampelonne *(Route de Camarat, Ramatuelle, www.tournels.com)*.

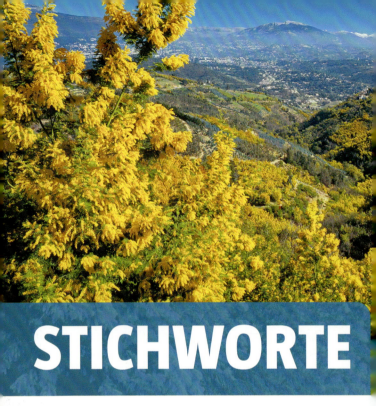

STICHWORTE

AUTORENNEN

Der Markenname eines der größten und renommiertesten Automobilherstellers des Welt ist an der Côte d'Azur erfunden worden. Der einst in Nizza lebende Kaufmann Emil Jellinek benötigte ein Pseudonym für die von ihm gemeldeten Fahrzeuge für die ersten Autorennen der begüterten Herrenfahrer. Und so benannte er die Rennkutschen, die schon zu Beginn des 20. Jhs. über die Bergstraßen der südfranzösischen Küste rauschten, nach seiner Tochter Mercedes.

Die Tradition der Rennen an der Küste wird fortgeführt: Jedes Jahr im Januar gibt die 1911 erstmals gefahrene Rallye Monte-Carlo den Startschuss für die Rallye-Weltmeisterschaft der Autos. Monaco ist im Mai mit dem einzigen, 1929 eingeweihten Stadtkurs der Formel 1 dick im Millionengeschäft.

BISTROT DE PAYS

Weil Ende des letzten Jahrhunderts abseits der großen Touristenströme viele Dorfgaststätten mangels Kundschaft entweder nur im Sommer öffneten oder gleich ganz schließen mussten, legte Frankreich 1992 eines seiner wohl charmantesten Förderprogramme auf, „Bistrot de Pays" genannt. Damit wirkte man erfolgreich dem Sterben der Landgasthöfe entgegen.

Das Konzept ist einfach und überzeugend: Das Dorf, in dem ein „bistrot" liegt, darf nicht mehr als 2000 Einwohner zählen, der Gasthof muss einer der letzten Betriebe im Ort und das ganze Jahr über

Bild: Blühende Mimosen im Tanneron-Gebirge

Hinter den Kulissen der Côte d'Azur gibt es mehr zu erleben als nur sommerliches Strand- und Promenadentheater

geöffnet sein. Die Wirte servieren regionale Spezialitäten und verkaufen an der Theke bisweilen auch Brot, Zeitungen, Straßenkarten oder Obst und Gemüse zum Teil aus biologischem Anbau. Inzwischen gibt es über hundert Betriebe vor allem im Hinterland von Nizza, in der grünen Provence rund um Cotignac oder im Verdon-Tal, die zu den besten Adressen in Südfrankreich zählen. Die komplette Liste steht, unterteilt nach Mini-Regionen, unter *www.bistrotdepays.com* im Internet.

CONSERVATOIRE DU LITTORAL

Ein Haus am Meer ist der Traum vieler Menschen. Doch die hässliche Kehrseite jenes schönen Traums zeigt sich auch an der Côte d'Azur: Betonierte Küstenstreifen vor allem zwischen Cannes und Monaco, Privatstrände und architektonische Sünden versperren den freien Blick aufs Meer. Nach den Jahren der Bauwut hat Frankreich die Notbremse gezogen und schon 1975 das „Conservatoire du Littoral" aus der Taufe gehoben, das in der

Provence und an der Côte d'Azur mittlerweile mehr als 14 000 ha sowie mehr als 100 km Küste vor Immobilienhaien schützt. So hat die halbstaatliche Schutzgemeinschaft 1989 etwa das von privaten Investoren umworbene Gelände der *Domaine du Rayol* zwischen Bormes-les-Mimosas und der Halbinsel von Saint-Tropez gekauft. Das Küstenkonservatorium engagierte den Landschaftsarchitekten Gilles Clément, der den großzügigen Park in einen botanischen Lehrpfad mit Bäumen, Büschen und Blumen aus der ganzen Welt verwandelte.

Ein weiteres Beispiel sind die Küstenwanderwege, *sentier littoral* genannt, die den gesetzlichen Anspruch erfüllen, einen mindestens drei Meter breiten Streifen am Meer für die Öffentlichkeit zugänglich zu halten. Die herrlichsten Wanderwege am Meer entlang gibt es deswegen selbst auf der Halbinsel von Cap d'Antibes oder am Cap Martin bei Monaco, aber auch auf der Halbinsel von Saint-Tropez. Nur durch den Vorgarten von Brigitte Bardot dürfen Fußgänger nicht stapfen; ihr Grundstück genießt Bestandsschutz.

FILMFESTSPIELE

Auch wenn die Nostalgiker beharrlich von der schönen alten Zeit träumen, in der angeblich alles besser war: Cannes ist und bleibt das wichtigste Filmfestival in ganz Europa. Die „Goldene Palme", die seit 1946 an der Croisette verliehen wird, verschafft im Mai Stars und Sternchen aus der ganzen Welt ein großes Rendezvous. Und das neugierige Publikum drängt sich weiter um die gigantische, mit einem roten Teppich versehene Treppe zum Hauptschauplatz, dem Festspielhaus, um einen Blick auf die Berühmtheiten zu werfen.

Natur für alle statt Traumhaus für einen: Meerblick mit Pinien in der Domaine du Rayol

STICHWORTE

FLORA

Durch die hohen Gebirgszüge vor den kalten Nordwinden geschützt, konnten an der Küste neben der angestammten Flora wie Eichen- und Kastanienwäldern, wilden Blumen und Sträuchern auch Pflanzen aus wärmeren Gegenden der Welt heimisch werden. Orangen- und Olivenbäume finden Sie allerorten. Der unsterbliche Olivenbaum mit den knorrigen Ästen und dem silbern schimmernden Laub wurde vor etwa 3000 Jahren aus Griechenland importiert. Hauptanbaugebiete sind heute die Gegend um Brignoles und Draguignan, die Täler von Roya und Bévéra sowie das Umland von Nizza. Liebhaber und große Restaurants bezahlen den höheren Preis für das hochwertige heimische Olivenöl, das die Jahrtausende alte Tradition fortsetzt.

Frost ist Gift für die Mimosenbäume, die der Legende nach die Truppen von Napoléon III. 1867 aus Mexiko an die Mittelmeerküste gebracht haben sollen. Den Beinamen „Les Mimosas" führt das kleine Dorf Bormes hoch über Le Lavandou erst seit 1968. Als Hauptstadt der Akazienart mit ihren sattgelben Blütenkugeln gilt Mandélieu am Fuß des Tanneron-Gebirges, das sich jedes Jahr ab Mitte Januar in ein einziges duftendes gelbes Meer verwandelt.

Die ersten Palmen wurden im Jahr 1867 in Hyères gepflanzt, aber sie bestimmen auch das Straßenbild in Nizza und Cannes. Zwei Arten gedeihen vor allem am Mittelmeer: die Dattelpalme aus Nordafrika und die kanarische Palme.

Zypressen spielen in den Hügeln des Hinterlandes eine wichtige Rolle. Mit ihrer schlanken Kegelform schützen sie die Felder gegen den kühlen Nordwind aus dem Gebirge.

GRIECHEN UND RÖMER

Forum Julii taufte Cäsar 49 v. Chr. auf seinem Feldzug in Gallien einen Etappenort: Im heutigen Fréjus sind die Spuren der Römer noch immer zu sehen. Sie bauten auch die Via Aurelia als Verbindung von Genua nach Gallien. Die Trasse, als 2,5 m breite Straße gepflastert, führte über Cimiez, Fréjus und Brignoles nach Aix-en-Provence und ist noch heute als Nationalstraße 7 eine der wichtigsten Verkehrsadern an der Côte d'Azur. Älter noch als Fréjus sind aber Nizza und Antibes, die im 4. Jh. v. Chr. von den Griechen, die sich in Marseille niedergelassen hatten, gegründet wurden.

HYPERMARCHÉ

Supermärkte gibt es überall in Europa, aber die Franzosen begnügen sich nicht mit Einkaufszentren wie man sie in Deutschland kennt. Hypermarché ist hier das Zauberwort für eine Produktvielfalt, die ihresgleichen sucht; eine Vielfalt, die auf mindestens fünf Regalmetern ausschließlich Joghurt oder nur Kekse in allen Geschmacksrichtungen, Formen und Farben bietet. Hypermarché-Ungeübte verlieren da schon mal den Überblick. Auch wer sich mit Entscheidungen schwertut, sollte auf jeden Fall viel Zeit mitbringen.

Die riesigen Konsumtempel, die sich wie Schlingen um alle größeren Städte, aber auch um kleinere Kommunen und Dörfer legen, sind zwar oft genug eine architektonische Plage, aber trotzdem bei Einheimischen und Touristen gleichermaßen beliebt. Kein Wunder: In den klimatisierten Hallen gibt es einfach alles, vom Fahrrad über den Herd, den Computer, die Schuhe, den Badeanzug, das Brot und den Kaffee bis hin zu den ausgefallensten Delikatessen. Manche Fisch- oder Käsetheke der Hypermarchés, die unter den Marken Carrefour, Leclerc, Auchan, Casino oder Intermarché segeln, ist tatsächlich eine Fundgrube für Feinschmecker. Und wer außer dem zarten Seeteufelfilet noch einen Liter Billigöl für seinen Automotor braucht, ist im Hypermarché auch gut bedient.

NAPOLÉON

An der Mittelmeerküste hat Frankreichs berühmter Feldherr sämtliche Höhen und Tiefen seiner Karriere erlebt. Die ersten Lorbeeren erntete der damals 24-Jährige bei der Belagerung von Toulon im Jahr 1793 und der Befreiung der Stadt von den englischen Besatzern, ein Jahr später war er als General in Nizza stationiert. Von dort startete der Korse 1796 seinen Italienfeldzug, 1799 landete er nach der Ägyptenexpedition in St-Raphaël.

15 Jahre später ging der General von diesem Hafen aus ins Exil nach Elba. Aber schon zehn Monate später kehrte er zurück nach Golfe-Juan und feierte auf der heutigen Route Napoléon über die Alpen die triumphale Rückkehr nach Paris.

PARFUM

Bitterorangen, Jasmin, Lavendel, Rosen und Veilchen – das ist der Fünfklang für die Welt der Düfte und Aromen, die in Grasse ihre Hauptstadt gefunden hat. Die Zitrusfrüchte kommen von der Küste, die Kräuter aus den Bergen, die Veilchen aus Tourrettes-sur-Loup, Jasmin und Rosen aus Grasse, seit dem 16. Jh. das Zentrum der Parfumindustrie. Das Geschäft mit Aromen und Düften für Lebensmittel und Kosmetik macht heute die Hälfte des Umsatzes der gut 30 Firmen von der Manufaktur bis zum Großbetrieb in und um Grasse aus.

PROMINENZ

Im Gegensatz zur Provence und der Toskana haben die Mächtigen der Erde die südostfranzösische Küste lange gemieden. Erst in der Mitte des 19. Jhs. entdeckte die Aristokratie die Côte d'Azur. Die Zaren sorgten dafür, dass in Nizza ein Klein-Russland mit Kirchen und Landsitzen entstand. Bayernkönig Ludwig I., Queen Victoria, die französische Kaiserwitwe Eugénie und Belgiens König Leopold II. ließen sich zwischen Cannes und Nizza nieder. Der internationale Jetset bastelte dann nach dem Zweiten Weltkrieg an dem Mythos. St-Tropez war lange das Nonplusultra der Playboys und Filmstars, heutzutage verstecken sich die Prominenten in den Hügeln des Hinterlands oder profitieren wie Autorennfahrer und Tennisprofis vom Steuerparadies Monaco. Zum Bummeln kommen sie dennoch regelmäßig an die Küste.

Es geht noch an, dass Stars wie Leonardo di Caprio oder Bono mit der Yacht zum Strandrestaurant von Pampelonne schippern, aber wenn Jean-Pierre Tuveri, der Bürgermeister von St-Tropez, im Sommer

30 000 Shuttleflüge mit dem Hubschrauber allein über seinem Gebiet zählt, wird Prominenz zum lärmenden Handicap für scheinbar idyllische Orte.

SCHULE VON NIZZA

Louis Bréa begründete die Schule von Nizza im 15. Jh., aber der Ruhm des Malers beschränkte sich lange auf seine Heimatregion. Erst jetzt werden die Kirchenbilder der Barockkünstler wieder entdeckt und geschätzt. Werke von Louis Bréa, seinem Bruder Antoine oder seinem Neffen François sind in Nizza (Kloster Cimiez), Sospel (St-Michel), La Brigue (St-Martin), Coursegoules (Ste-Marie-Madeleine) oder Lucéram (Ste-Marguerite) zu sehen.

Doch die Kunstszene an der Côte d'Azur ruht sich nicht auf den Lorbeeren der Ahnen aus. Mit dem „Neuen Realismus" erkunden Yves Klein und Arman, beide in Nizza geboren, zusammen mit Martial Raysse, der aus Golfe-Juan stammt, die Grenzen der zeitgenössischen Kunst. Aus der modernen Schule von Nizza, zu der außer Niki de St-Phalle auch Daniel Spoerri gehörte, entwickeln Ben Vautier oder Claude Viallat neue Ansätze zur Konzeptkunst.

YACHTEN

Nach der Karibik ist das Mittelmeer das zweitgrößte Kreuzfahrtrevier der Welt. Für Segler ist die Côte d'Azur ein echtes Paradies. Allein 71 000 Boote sind zwischen Cannes und Monaco registriert. Hyères mit den drei Goldinseln Porquerolles, Port-Cros und Levant in Sicht- und Tagesreisenweite gehört zu den beliebtesten Ankerplätzen, Antibes mit 1700 Liegeplätzen ist sogar größter Yachthafen ganz Europas. Die größten Privatyachten auf dem Meer werfen den Anker vor St-Tropez oder Monaco. Und der Bedarf ist noch lange nicht gedeckt: Fréjus hat schon einen neuen Hafen gebaut, St-Raphaël erweitert die Becken genauso wie Nizza, Monaco, Cannes und Vallauris-Golfe-Juan.

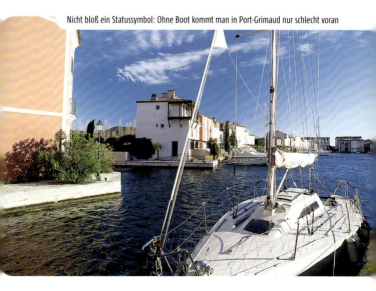

Nicht bloß ein Statussymbol: Ohne Boot kommt man in Port-Grimaud nur schlecht voran

ESSEN & TRINKEN

Die alte Streitfrage, ob die italienische oder die französische Küche besser sei, hat sich an der Côte d'Azur schnell erledigt: Die Grafschaft Nizza gehört erst seit 1860 zu Frankreich und hat über Jahrhunderte hinweg alle Qualitäten Italiens gepflegt.

Die Einflüsse beider Länder sorgen dafür, dass an der Mittelmeerküste und im Hinterland sowohl kulinarische Amateure als auch Feinschmecker verwöhnt werden.
Die Küche an der Côte d'Azur ist einfach, leicht und gesund. Es gibt Gemüse in allen Variationen, Fische und Meeresfrüchte, eine unglaubliche Vielfalt an Gewürzkräutern von Thymian und Rosmarin über Minze, Salbei und Basilikum bis zu Fenchel und Lorbeer. Dazu kommen Lammfleisch aus dem Hochland, Käse von Ziegen und Schafen, die exotischsten Früchte und als Krönung ein Wein aus heimischem Anbau, der seit einigen Jahren einen großen Qualitätssprung erlebt. Das Land bietet fast alles in bester Frische: Im Norden des Départements Var, in Aups, gibt es im Winter einen der wichtigsten Trüffelmärkte Südfrankreichs. Zwischen Toulon und Menton entdecken immer mehr Landwirte den biologischen Anbau und verzichten auf die Chemiekeule. Das kleine Dorf Correns im Hinterland des Var hat innerhalb kurzer Zeit praktisch seine gesamte Wein-, Gemüse- und Obstproduktion umgestellt. Die Produkte der zum großen Teil relativ kleinen Höfe werden oft auf speziellen Märkten, den *marchés paysans*, verkauft und von den guten Restaurants verwertet.

Bild: Restaurants in den Gassen von Cannes

Aus dem Meer und von den Feldern kommen beste Zutaten für die einfache, leichte Küche des Südens

Trotz Fastfood, das vor allem in den größeren Städten immer mehr jugendliche Anhänger findet, hat kaum eine andere Region Frankreichs so viele Sterneköche wie die Côte d'Azur. „Einfachheit und Luxus, das sind die Prinzipien der provenzalischen Küche", sagt Alain Ducasse, der vom Restaurant Le Louis XV. im Hôtel de Paris in Monaco aus ein Imperium von Spitzenrestaurants aufgebaut hat. Ducasse ist ein Schüler von Roger Vergé, der als Vater der *cuisine du sud*, der Küche des Südens, gilt. Die großen Zeremonienmeister der Kochkunst bleiben bei einfachen Grundrezepten. Von der Sonne verwöhnte Tomaten und Zucchini brauchen nur einen Hauch frischer Kräuter und ein wenig Olivenöl, um ihren ganzen Geschmack zu entfalten. Gemüse, Fisch, Olivenöl, Knoblauch und – in Maßen – ein guter Wein sorgen dafür, dass die Menschen im Süden die höchste Lebenserwartung in Frankreich haben. Auch Besucher mit kleinem Budget müssen auf kulinarische Genüsse nicht verzichten: Gute regionale Küche zu

SPEZIALITÄTEN

▶ **aïoli** – Mayonnaise aus zerdrücktem Knoblauch, Eigelb und Olivenöl. Wird meist freitags mit gekochtem Stockfisch (*morue*), hart gekochten Eiern und gekochten Karotten (*carottes*), Kartoffeln (*pommes de terre*), evt. grünen Bohnen (*haricots verts*) serviert (Foto re.)
▶ **bouillabaisse** – Fischsuppe mit Drachenkopf (*rascasse*), Knurrhahn (*grondin*) und Seeaal (*congre*). Außerdem: Zwiebeln, Tomaten, Safran, Knoblauch, Lorbeer, Fenchel, Salbei, ein Stück Orangenschale und natürlich Olivenöl
▶ **bourride** – wie bouillabaisse, aber mit Seewolf (*loup*), Seeteufel (*baudroie*) und Seehecht (*merlan*), gebunden mit *aïoli*
▶ **estocaficada** – Stockfisch, stundenlang mit Tomaten, Zwiebeln, Paprika, Kartoffeln und Gewürzkräutern geschmort, mit schwarzen Oliven garniert
▶ **fleurs de courgette** – gefüllte Zucchiniblüten
▶ **pan bagnat** – in Olivenöl gebackenes Weißbrot, garniert mit Salatblättern, rohen Zwiebeln, Tomaten, Sardellen, schwarzen Oliven und gekochtem Ei
▶ **petits farcis** – mit einer feinen Mischung gefüllte Gemüse, z. B. Zucchini, Tomaten oder Auberginen
▶ **pissaladière** – Zwiebelkuchen mit *pissala*, einer dicken Sauce auf Sardellenbasis und schwarzen Oliven
▶ **ratatouille** – Gemüseeintopf aus Auberginen, Paprika, Tomaten, Zwiebeln und Zucchini, in Olivenöl mit Knoblauch und Kräutern gedünstet. Heiß oder kalt
▶ **salade niçoise** – Salat mit Thunfisch auf grünem Salat, grünen Bohnen, Radieschen, schwarzen Oliven, Paprikaschoten, hart gekochten Eiern und Sardellen in Olivenöl (Foto li.)
▶ **socca** – in großen Pfannen gebackener Fladen aus Kichererbsenmehl
▶ **soupe au pistou** – Gemüsesuppe aus weißen Bohnen, Tomaten und Zucchini, oft mit Speck gekocht, in die eine dicke Paste (*pistou*) aus Basilikum, Knoblauch und Olivenöl gerührt wird
▶ **tapenade** – Creme aus schwarzen Oliven, Kapern und Sardellenfilets
▶ **tian de légumes** – in Südfrankreich wird flaches ofenfestes Tongeschirr *tian* genannt. Darin werden Gemüse wie Auberginen, Spinat, weiße Bohnen oder Zucchini als Auflauf und Gratin gebacken
▶ **tourta de blea** – süßer Kuchen aus gehackten Mangoldblättern (*blettes*) mit Pinienkernen und Rosinen

ESSEN & TRINKEN

vernünftigen Preisen ist überall zu finden, an der Küste wie in den kleinen Dörfern im Hinterland.

Die Zeiten, als selbst kleine Restaurants hohe Preise verlangten, sind auch an der Côte d'Azur vorbei. Sterneköche wie Bruno Cirino in La Turbie haben es vorgemacht und neben ihren Gourmetrestaurants kleine Bistrot-Ableger wie das *Café de la Fontaine* eröffnet, in denen frische Qualität zu günstigen Preisen auf den Teller kommt. Die *bistronomie,* wie die Franzosen das neue Phänomen nennen, hat mittlerweile die ganze Küste erreicht. Ex-Sternekoch Alain Llorca serviert in seinem *Café Llorca* im Grimaldi-Forum von Monte-Carlo mittags Tagesgerichte, die weniger als 15 Euro kosten. Selbst ein Star wie Bruno Oger in Le Cannet ergänzt seinen Gourmettempel Villa Archange um dem Ableger *Bistrot des Anges,* in dem die Gäste auf Kristallgläser, Silberbesteck und großes Servicegeschwader verzichten, sich dafür ganz dem guten und günstigen Essen widmen.

Das Frühstück *(petit déjeuner)* fällt karg aus: Ein Kaffee, eventuell mit Milch, dazu Weißbrot, Butter und Konfitüre, manchmal gibt es ein Croissant. Dafür werden beim Mittagessen *(déjeuner)* zwischen 12 und 14 Uhr gleich drei Gänge aufgefahren. Das Menü mit der Vorspeise *(hors d'œuvre)*, dem Hauptgang *(plat de résistance)* mit Fleisch *(viande)*, Fisch *(poisson)* oder Geflügel *(volaille)* sowie dem Dessert ist auch heute noch wichtig. Aber in den normalen Restaurants wird niemand mehr schief angesehen, der wegen der Sommerhitze nur einen großen Teller Salat essen möchte oder sich auf das meist günstige Tagesgericht *(plat du jour)* beschränkt. Abends, zum *dîner* oder *souper* (selten vor 20 Uhr), entfaltet die Küche der Côte d'Azur ihre ganze Pracht. Zwei Stunden sollten Sie mindestens für das Abendessen rechnen, um ein Menü vom *amuse-gueule* (Appetithäppchen) bis zur *zeste de citron* (der Zitronenschale auf dem Dessertteller) durchzukosten. Selbst in Spitzenrestaurants gehört zum Gedeck der Gratiskorb mit Weißbrot ebenso wie die Karaffe mit Wasser. An der Côte d'Azur ist es üblich, dass für einen Tisch eine gemeinsame Rechnung ausgestellt wird.

Mit Meerblick dinieren Sie an Nizzas Promenade des Anglais

Viele Restaurants haben inzwischen einen Keller mit einheimischen Weinen angelegt. Die Tropfen von Bellet im Norden von Nizza, mit rund 700 ha eines der kleinsten Anbaugebiete, haben schon seit 1941 die kontrollierte Herkunftsbezeichnung AOC *(Appellation d'Origine Contrôlée)*. Winzer wie die Familie de Charnacé auf Château de Bellet erzeugen ihre Rotweine mit den alten Rebsorten Folle Noire oder Braquet.

EINKAUFEN

Die Côte d'Azur ist ein Einkaufsparadies. Jener Hauch von Luxus, der seit mehr als einem Jahrhundert durch die Städte und Dörfer am Meer weht, ist in der ganzen Welt bekannt: Kein Wunder also, dass in den Boutiquen an der Küste wohl nahezu alle internationalen Nobelmarken vertreten sind. Aber die Côte d'Azur besitzt auch ihre ureigenen Spezialitäten, die sich wie etwa das eigene Parfum aus Grasse wunderbar als Reisemitbringsel eignen.

FAYENCE

Klassisch schön, ohne Schnickschnack produzieren die rund 20 Fayence-Werkstätten in Moustiers-Ste-Marie *(www.moustiers.eu)* am Ausgang der Verdon-Schlucht ihre Teller und Tassen. Das alte Handwerk erlebt eine Renaissance, weil es zum guten Ton gehört, provenzalische Speisen auf provenzalischem Geschirr zu servieren.

FLIESEN UND KERAMIK

Die Keramiker von Salernes sind gefragt, wenn es um Fliesen oder Dekoration für Bad und Küche geht, ihre *tomettes*, die roten Fliesen, sind in ganz Frankreich ein Markenzeichen. Eineinhalb Dutzend Keramik-Werkstätten zeigen alle Facetten dieses Handwerks – klassisch, modern, verspielt oder avantgardistisch. Informationen über die Ateliers gibt es unter *www.ville-salernes.fr*.

GLAS

Biot ist das südfranzösische Zentrum der Glaskunst. In dem Dorf sind acht Künstlerwerkstätten angesiedelt, die inzwischen Weltruf genießen. Zu den größten und ältesten gehört *La Verrerie de Biot (chemin des Combes | www.verreriebiot.com)*, außergewöhnliche Gläser und Objekte schafft der Italiener *Raphaël Farinelli (La Verrerie Farinelli, route de la Mer | www.farinelli.fr)*.

SÜSSIGKEITEN

Im Land, wo die Zitronen und Orangen blühen, gibt es Rohstoffe für die besten Süßigkeiten im Überfluss. Ein Muss sind die hausgemachten Konfitüren des *Maison Herbin* in Menton *(2, rue du Vieux Collège | www.confitures-herbin.com)*, ebenso wie die kandierten Früchte des *Maison Auer* in Nizza *(7, rue St-François de Paule | www.maison-auer.com)* und

Ein Paradies für Genießer: Luxusgeschäfte am Meer, bodenständiges Handwerk im Hinterland

die Veilchenblüten im Zuckermantel der *Confiserie Florian* in Tourrettes-sur-Loup *(www.confiserieflorian.com)* oder in der Filiale von Nizza *(quai Papacino)*.

TÖPFERWAREN

Pablo Picasso hat in Vallauris' Töpfereien wie der *Galerie Madoura (av. des Anciens Combattants d'Afrique du Nord | www.madoura.com)* gearbeitet und damit dem Kunsthandwerk in der südfranzösischen Kleinstadt zu Weltruf verholfen. Eine der ältesten und größten Galerien ist Sassi-Milici *(www.sassi-milici.com)* mit Arbeiten französischer Spitzenkeramiker. Infos unter *www.vallauris-golfe-juan.com*

WEIN

Mindestens 2700 Sonnenstunden im Jahr, dazu ausreichend Regen und Wind: Die Côte d'Azur und ihr Hinterland sind wie geschaffen für trockene und gehaltvolle Weine. Die Winzer kultivieren selbst beim schnell verwertbaren Rosé ihre Unterschiede. Das Ergebnis lässt sich in jedem Glas schmecken.

Wem die Reise von einem Weingut zum anderen zu umständlich ist, der wird in Gemeinschaftskellern an der Côte d'Azur gut bedient. Das *Maison des Vins* in Les Arcs *(RN 7, www.www.caveaucp.fr)* z. B. verkauft über 600 verschiedene Flaschen aus dem kontrollierten Herkunftsgebiet *Côtes de Provence* ohne Aufschlag. Dazu gibt es eine kompetente Beratung auch in deutscher Sprache, die nicht nur auf die großen Namen, sondern auch auf kleine Weingüter aufmerksam macht. Eine Rarität sind die Weine im Hinterland von Nizza, die unter der Qualitätsbezeichnung *Vins de Bellet (www.vinsdebellet.com)* auf gerade mal 50 h angebaut werden. Immer mehr auf biologischen Anbau verlegen sich die Winzer im Untergebiet *Côteaux Varois* rund um Brignoles, die im 🌱 *Maison des Vins* neben der Abbaye de La Celle *(Tel. 04 94 69 33 18)* angeboten werden.

DIE PERFEKTE ROUTE

MARINESTÜTZPUNKT MIT CHARME
① *Toulon* → S. 80, Frankreichs größter Militärhafen, hat sich in den vergangenen Jahren herausgeputzt. Bevor Sie zu Ihrer Tour aufbrechen, spazieren Sie durch die Altstadt mit ihren Märkten, Gassen und Museen. Und verpassen Sie nicht die Fahrt mit der Seilbahn hinauf zum Mont Faron!

PALMEN, SURFER, GOLDENE INSELN
Am Meer entlang geht es dann nach ② *Hyères* → S. 70. An den Stränden zu beiden Seiten des Sandstreifens, der zur Halbinsel von ③ *Giens* → S. 72 führt, beobachten Sie die Kunststücke der Surfer, bevor Sie zu den Goldinseln Porquerolles und Port-Cros übersetzen.

BAUERNDÖRFER UND JETSET-SPOTS
④ *Bormes-les-Mimosas* → S. 74 ist idealer Ausgangsort für einen Ausflug in das Mauren-Massiv mit Mimosenbäumen und Korkeichen, die Dörfern wie ⑤ *Collobrières* → S. 74 einen ganz eigenen Charakter geben. Um das Jetset-Zentrum St-Tropez zu besuchen, nehmen Sie am besten das Schiff von ⑥ *Ste-Maxime* → S. 79 aus. So ersparen Sie sich den Stau auf der Uferstraße – und erleben die Küste vom Meer aus.

VISITE IM PARFUMPARADIES
Bleiben Sie am Wasser und besuchen Sie die Nachbarstädte ⑦ *Fréjus* → S. 66 mit gotischem Domviertel (Foto li.), und *St-Raphaël* → S. 66, wo die Küstenstraße startet, die durch rote Felsen nach ⑧ *Cannes* → S. 58 führt. Von der Croisette und dem Festspielbunker machen Sie einen Ausflug ins Hinterland. In den Parfumfabriken von ⑨ *Grasse* → S. 62 erkennen Sie, wie wichtig das Mittelmeerklima für Duft- und Heilpflanzen ist.

EIN SCHLOSS VOLLER KUNST
Pablo Picasso hat nach einem Arbeitsaufenthalt im ⑩ *Grimaldi-Schloss von Antibes* → S. 56 den Grundstock für eins der schönsten Kunstmuseen Südfrankreichs in der Stadt gelegt. Nehmen Sie sich ausgiebig Zeit für eine der bedeutendsten Kunstadressen an der Küste.

METROPOLE MEETS MILLIONÄRSMEKKA
⑪ *Nizza* → S. 40 ist mit der Promenade des Anglais, den Stränden, Museen und der Altstadt das Zentrum der Côte d'Azur. Schnuppern Sie hier

Erleben Sie die vielfältigen Facetten der Côte d'Azur von Toulon nach Menton mit Abstechern ins wunderschöne Hinterland der Küste

und im Fürstentum ⑫ *Monaco* → S. 32 (Foto re.) nebenan Jetset-Luft, das nicht nur Millionärsoase ist, sondern mit seinem Ozeanografischen Museum auch ein Zentrum für die Wissenschaft.

IM WILDEN GRENZGEBIET

Nach so viel Luxus fahren Sie hinauf zu mittelalterlichen Dörfern wie ⑬ *Gorbio* → S. 39 oder ⑭ *Ste-Agnès* → S. 39, und spazieren in kleinen gepflasterten Gassen. Die Grenzstadt ⑮ *Menton* → S. 38 besitzt mit dem Kirchplatz von St-Michel-Archange eins der schönsten Barockensembles der Region und ist ein Mekka für Gartenliebhaber. Über Ventimiglia in Italien führt die Route das Roya-Tal hinauf über ⑯ *Saorge* → S. 84 und ⑰ *Tende* → S. 84 in den ⑱ *Nationalpark Mercantour* → S. 83, in dem sogar Wölfe wieder heimisch sind. Lassen Sie sich am Fuß des 2873 m hohen Mont Bégo zu Wanderungen ins ⑲ *Tal der Wunder* → S. 83 mit seinen rätselhaften Felszeichnungen, die über 40 000 Jahre alt sind, verführen.

365 km. Reine Fahrzeit 5 Stunden. Detaillierter Routenverlauf auf dem hinteren Umschlag, im Reiseatlas sowie in der Faltkarte

MONACO UND UMGEBUNG

KARTE IM HINTEREN UMSCHLAG
(129 D6) (*P2*) **Sündhaft teure Wohnungen, das einzige Formel-1-Rennen der Welt, bei dem die Piloten mitten durch die Stadt brettern, luxuriöse Spielkasinos, Spitzenrestaurants und eine atemraubende Architektur: Das ist Monaco.**

Mit seinen 35 000 Einwohnern – davon nur 7500 Einheimische – auf knapp 2 km² ist das Fürstentum nach dem Vatikan der kleinste souveräne Staat der Erde. Er gibt eigene Briefmarken heraus, hat eine eigene Polizei, aber es gibt keine Grenzposten zum französischen Umland. Am Anfang gab es nur den Felsen, den „Rocher", der heute den Stadtteil Monaco bildet. Als Mönch verkleidet eroberte François Grimaldi am 8. Januar 1297 die Burg über dem Meer. Die Fürstenfamilie hat – abgesehen von kurzen Zeitspannen – seitdem das Zepter nicht mehr aus der Hand gegeben. Charles II. schafft 1869 die direkte Besteuerung ab und lässt das erste Spielkasino im neuen Stadtteil Monte-Carlo bauen. Sein Sohn Albert I. gründet 1906 das Ozeanografische Institut, Thronfolger Louis II. richtet 1929 den ersten Grand Prix von Monaco aus. Rainier III. regierte von 1949 bis zu seinem Tod 2005.

Seit seiner Heirat 1956 mit der Schauspielerin Grace Patricia Kelly, die 1982 bei einem Autounfall ums Leben kam, war er Dauergast in der Regenbogenpresse, ebenso wie seine Kinder Caroline, Stéphanie und Albert, der im Frühjahr 2005 seine Nachfolge antrat.

Bild: Mit dem Boot bis vor der Haustür – Yachthafen in Monte-Carlo

Oase für Millionäre: Der Zwergstaat der Grimaldi-Fürsten hat sich zu einem Wirtschaftsriesen entwickelt

CITY WOHIN ZUERST?
Felsen oder Casino: Den Felsen *(rocher)* mit Altstadt, Palast und Ozeanografischem Museum erreichen Sie am besten über die beiden Parkplätze *Pêcheurs (max. Höhe 1,90 m!)* und *La Digue*. Wer erst noch ins mondäne Kasinoviertel und die Einkaufsstraßen möchte, steuert das Parkhaus *Casino (Vorsicht: max. Höhe 2 m!)* an.

Fürst Rainier III. hat den Zwergstaat zu einem Wirtschaftsriesen gemacht, Pharma- und Kosmetikindustrie, aber auch der Tourismus spielen eine wichtige Rolle. In den zum Teil dem Meer abgewonnenen Stadtteilen Fontvieille (im Westen), La Condamine (am Hafen) und Larvotto (im Osten) sind viele der über 30 000 monegassischen Arbeitsplätze entstanden. Steuerfreiheit und eine niedrige Kriminalitätsrate machen Monaco zur sicheren Oase für Millionäre. Und der Staat wächst weiter, hinein in den Fels

Das Musée Océanographique zeigt Meerestiere – tote, aber auch lebendige

und hinaus aufs Meer. Der Bahnhof mit 13-stöckigem Parkhaus ist unter der Erde verschwunden. Eine seit 2003 am Rocher verankerte, 350 m lange schwimmende Mole mit Parkhaus, Trockendock und Läden lockt Kreuzfahrtschiffe an.

Prinz Albert II., der im Juli 2011 die Südafrikanerin Charlene Wittstock geheiratet hat, legt beim Ausbau des Fürstentums Wert auf Umweltschutz. Der Monarch stellt sich mit seinen Expeditionen zu Nord- und Südpol in die Tradition seines Ururgroßvaters Albert I., dessen besondere Leidenschaft die Erforschung der Ozeane war. Der ehemalige Bobfahrer Albert II., mehrmals bei Olympischen Winterspielen für Monaco am Start, hat eine eigene Stiftung für internationale Zusammenarbeit im Bereich Umweltschutz aus der Taufe gehoben und ist unter anderem 2009 mit dem Sonderpreis des bundesdeutschen Arbeitskreises für umweltbewusstes Management ausgezeichnet worden. Ausführliche Informationen auch im MARCO POLO „Nizza/Cannes/Monaco".

SEHENSWERTES

ALTSTADT
Lohnend ist ein Spaziergang durch die winkeligen Gassen der Altstadt mit der dem monegassischen Bildhauer gewidmeten *Placette Bosio*, der rot gepflasterten *Rampe Major* mit den Stadttoren aus dem 16. Jh. und den Gärten *St-Martin*, wo ein Bronzedenkmal an Albert I. erinnert. Sehenswert sind zudem in der *Kathedrale* auf dem Stadtfelsen die Kunst von Louis Bréa und die *Fürstengräber*, in denen Grace Kelly und Rainier III. ihre letzte Ruhe gefunden haben.

COLLECTION DES VOITURES ANCIENNES
Die Grimaldi-Fürsten sind Autoliebhaber, seit es Autos gibt. Auf fünf Ebenen präsentiert Albert II. im Automobilmuseum rund 100 Karossen wie den Siegerwagen des ersten Formel-1-Rennens 1929, einen Bugatti, oder das Geschenk monegassischer Geschäftsleute zur Hochzeit seines Vaters mit Grace Kelly, einen Rolls-Royce

MONACO UND UMGEBUNG

Silver Cloud. *Tgl. 10–18 Uhr | Terrasses de Fontvieille | 6 Euro*

GRAND CASINO ★ ●

Charles Garnier, Architekt der Pariser Oper, baute im Auftrag der Grimaldi-Fürsten 1878 das Kasino im Stadtteil Monte-Carlo. Die Spielsäle mit hohen, bunten Glasfenstern und schweren Bronzeleuchtern sowie der Opernsaal *(Salle Garnier)* sind nur für Erwachsene geöffnet und kosten 10 Euro Eintritt *(www.casinomontecarlo.com)*. Sehenswert sind die *Gärten* mit dem großen Springbrunnen und die *Terrassenanlagen* am Meer, die einen wunderschönen Blick auf das von Op-Art-Künstler Victor Vasarely gestaltete Dach des Kongresszentrums und den Hafen bieten.

JARDIN EXOTIQUE ★

Hoch über dem Meer gedeihen an der Felswand über dem Meer im Stadtteil Moneghetti exotische Kakteen. Der Garten mit den Aussichtsplattformen wurde 1933 eingeweiht. Inzwischen gehören als weitere Attraktionen die 60 m tief im Fels liegende *Grotte de l'Observatoire*, in der Versteinerungen zu sehen sind, und das *Musée d'Anthropologie Préhistorique* mit einer Sammlung von Münzen, Schmuckstücken und Knochenfunden dazu. *Mitte Mai–Mitte Sept. tgl. 9–19, Mitte Sept.–Anfang Nov. und Ende Dez.–Mitte Mai tgl. 9–18 Uhr bzw. bis Einbruch der Dunkelheit | bd. du Jardin Exotique | 7 Euro | www.jardin-exotique.mc*

MUSÉE OCÉANOGRAPHIQUE ★ ●

Albert I. war nicht nur Fürst, sondern auch ein passionierter Meeresforscher. Die Früchte seiner wissenschaftlichen Arbeiten werden seit 1910 in dem eindrucksvollen Institutsgebäude 85 m hoch über dem Meer präsentiert. Taucher Jacques-Yves Cousteau hat in seiner über 30-jährigen Amtszeit (bis 1988) als Direktor dem Ozeanografischen Museum zu Weltruhm verholfen. In rund 100 Aquarien leben über 4000 Meerestier- und 200 Fischarten. Die ältesten Tiere, darunter riesige Schildkröten, erhalten ihr Gnadenbrot in einem eigenen Becken. Genießen Sie eine **INSIDER TIPP** Pause in der Caféteria auf der Dachterrasse mit herrlichem Blick aufs Meer. *Juli/Aug. tgl. 9.30–19.30, April–Juni, Sept. 9.30–19, Winter 10–18 Uhr | av. St-Martin | 13 Euro | www.oceano.mc*

MUSÉE DES TIMBRES ET DES MONNAIES

Eine Quelle für den Reichtum des Zwergstaats: Monaco gibt eigene Briefmarken und Münzen heraus. Im Münzen- und Briefmarkenmuseum ist die Sammlung

---

MARCO POLO HIGHLIGHTS

★ **Grand Casino**
Prunkbau für Glücksritter in Monte-Carlo → S. 35

★ **Jardin Exotique**
Ein Paradies für seltene Kakteen in Monaco → S. 35

★ **Musée Océanographique**
Spannend präsentierte Meereswissenschaft → S. 35

★ **Grande Corniche**
Die Panoramastraße an der Côte d'Azur → S. 38

★ **St-Michel-Archange**
Schönes barockes Architekturensemble in Menton → S. 38

★ **Trophée des Alpes**
Siegesdenkmal des römischen Kaisers Augustus → S. 39

der Fürstenfamilie zu sehen, die mit Multimediaeinrichtungen ergänzt wurde. *Juli–Sept. tgl. 10–18, sonst bis 17 Uhr | Terrasses de Fontvieille | 3 Euro*

PALAIS DU PRINCE

Der Fürstenpalast in Monaco-Ville, im 13. Jh. als genuesische Festung gebaut, wirkt wie das Bühnenbild einer Operette. Jeden Tag um 11.55 Uhr findet die Wachablösung vor dem Haupteingang statt. Die *Grands Appartements* mit der italienischen Galerie, dem Thronsaal im Empire-Stil, der Kapelle aus dem 17. Jh. sowie der z. T. für Konzerte genutzte Ehrenhof mit seiner Doppeltreppe aus Carrara-Marmor sind im Winter geschlossen. *April tgl. 10.30–17.30, Mai–Sept. 9.30–18, Okt. 10–17 Uhr | 7 Euro | www.palais.mc*

LOW BUDG€T

▶ Wer sein Geld im Kasino loswerden will, darf im *Café de Paris (place du Casino)* oder im *Sporting (av. Princesse Grace)* am Strand von Larvotto zunächst umsonst an die Automaten.

▶ Teehaus, Brücken und Wasserfälle im *japanischen Garten (jardin japonais)* sorgen für Zen-Atmosphäre in Monaco. *Eintritt frei | av. Princesse Grace*

▶ In der Herberge *Thalassa (90 Plätze | 2, av. Gramaglia | Cap d'Ail | Tel. 04 93 81 27 63 | www.clajsud.fr)* vor Monacos Toren kostet die Nacht mit Frühstück und Betttuch pro Person 18,50 Euro im Gemeinschaftszimmer.

▶ Bruno Cirino, Chef des Gourmetlokals *Hostellerie Jérôme* in La Turbie, eröffnete auf dem Dorfplatz neben dem Brunnen ein schlichtes Bistrot, in dem es täglich *(im Winter Mo geschl.)* einfache kleine Köstlichkeiten zum günstigen Preis gibt. *Café de la Fontaine | 4, av. Général de Gaulle | La Turbie | Tel. 04 93 28 52 79*

ESSEN & TRINKEN

CAFÉ LLORCA

Der Ex-Sternekoch Alain Llorca hat neben seinem Gourmetrestaurant in La Colle sur Loup im Forum Grimaldi mit seiner großen Terrasse über dem Meer ein Bistrot eröffnet, das gute Küche zu günstigem Preis *(Tagesgericht 11, Menü 20–22 Euro)* anbietet. *Mo–Sa bis 18 Uhr | 10, av. Princesse Grace | Tel. 99 99 29 29 | €*

LE LOUIS XV

Hier schlägt das Herz eines Imperiums der Spitzenlokale: Koch-Unternehmer Alain Ducasse und sein Küchenchef Franck Cerutti leiten im *Hôtel de Paris (143 Zi. | Tel. 98 06 30 00 | €€€)*, ganz im Stil der Belle Epoque, eins der besten Restaurants Frankreichs. *Di, Mi, Dez. und Feb. geschl. | pl. du Casino | Tel. 98 06 88 64 | www.alain-ducasse.com | €€€*

LA POLPETTA

Seit Jahren eine sichere Bank in Monte-Carlo mit italienischen Spezialitäten. *Di und Sa–Mittag geschl. | 6, av. de Roqueville | Tel. 93 50 67 84 | €€*

EINKAUFEN

Monaco bietet alles, was das Herz begehrt: von Luxusartikeln und Mode in Monte-Carlo *(bd. des Moulins, av. des Spélugues* oder *av. des Beaux-Arts)* bis zu Alltagsdingen (z. B. im *Centre Commercial de Fontvieille)*.

MONACO UND UMGEBUNG

Weniger mondän als die kleinen Jetset-Clubs, dafür aber mit Luft zum Atmen: Stars 'n' Bars

STRÄNDE & SPORT

Die einzigen Badestrände von Monaco liegen im Westen des Fürstentums im Stadtteil Larvotto.

LES THERMES MARINS ●

In Nachbarschaft des Kasinos hilft das Wellness-Zentrum beim Entspannen. Es hat allerdings seinen Preis, sich im Schwimmbad mit geheiztem Meerwasser zu tummeln, die Sauna oder den Traumblick im ☆ Fitness-Studio zu genießen. *Tgl. 7–21 Uhr | 2, av. de Monte Carlo | Tel. 98 06 69 00 | fr.thermes marinsmontecarlo.com*

AM ABEND

Die Prominenz trifft sich in den kleinen, aber feinen Clubs. Treffpunkte der Schickeria sind seit Jahren *Sass Café (11, av. Princesse Grace)* oder das winzig kleine *Le Jimmy'z (26, av. Princesse Grace | tgl. ab 23 Uhr | Tel. 92 16 22 77 | Reservierung notwendig | Eintritt nur in Abendgarderobe)*. Weniger mondän und größer ist *Stars 'n' Bars (6, quai Antoine Ier | tgl. 11–0 Uhr, Dancing bis 4 Uhr | www.starsnbars.com)* mit Snackbar, Billard, verrücktem Dekor, Internetcafé und Konzerten. Eine Attraktion für Normalsterbliche ist das INSIDER TIPP Sommerkino *(cinéma d'été)* unter freiem Himmel auf den *Terrasses du Parking des Pêcheurs* auf dem Stadtfelsen mit einer Leinwand, die zu den größten Europas zählt. *Ende Juni–Mitte Sept. jeden Abend | Programminfo Tel. 93 25 86 80 | www.cinemasporting.com*

ÜBERNACHTEN

Monaco ist ein sehr teures Pflaster. Rund 1700 der insgesamt 2500 Zimmer gehören zur Luxuskategorie in den Palästen rund um das Kasino von Monte-Carlo.

HÔTEL DE FRANCE

Im Stadtteil La Condamine, nahe dem Bahnhof in einer ruhigen kleinen Gasse gelegen. *26 Zi. | 6, rue de la Turbie |*

Tel. 93 30 24 64 | www.monte-carlo.mc/france | €€

AUSKUNFT

2A, bd. des Moulins | Tel. 92 16 61 66 | www.visitmonaco.com

ZIELE IN DER UMGEBUNG

GRANDE CORNICHE ★ ☼
(128–129 C–E 5–6) (*m* O–Q 2–3)
Sie ist eine der schönsten Panoramastraßen der Welt. Napoléon ließ die Grande Corniche zum Teil auf den Spuren der römischen Via Julia Augusta in die Berge zwischen Menton und Nizza schlagen. 500 m hoch über dem Meer eröffnen sich auf der Strecke grandiose Ausblicke auf Dörfer, Denkmäler, Felsen und das Wasser. Die D 2564, die auch Cary Grant und Grace Kelly für den Hitchcock-Film „Über den Dächern von Nizza" abfuhren, führt von Menton aus über die alte Festung von Roquebrune zum römischen Siegesdenkmal von La Turbie und von Eze über der Halbinsel von St-Jean-Cap-Ferrat und Villefranche hinunter nach Nizza. Vorsicht: Die Straße ist im Sommer stark befahren, ebenso wie ihre zwei Schwestern, die *Moyenne Corniche*, vor dem Bau der Autobahn die Hauptverkehrsstrecke zwischen Côte d'Azur und Riviera, und die *Corniche Inférieure*, die im 18. Jh. direkt an der Küste angelegt wurde.

MENTON (129 D–E 5–6) (*m* Q2)
Italien lässt grüßen. Kein Wunder, denn die Grenze zum Nachbarland liegt am Ortsausgang des französischen Städtchens (28 000 Ew., 10 km östlich von Monaco). Menton weist im Winter die angenehmsten Temperaturen an der gesamten Küste auf. Der Kirchplatz von ★ *St-Michel-Archange* gilt als eines der schönsten Barockensembles der Region. Bezeichnend ist das Wappen der Grimaldis im Kieselsteinpflaster. Über die Einkaufsstraße *Rue St-Michel* geht es durch die hübsche Altstadt zur *Place aux Herbes* mit Straßencafés und überdachter Markthalle. Adresse für Feinschmecker ist die *Maison Herbin* mit ihren hausgemachten Konfitüren und eingemachten Gemüsesorten (*geführte Besichtigung der Fabrik Mo, Mi, Fr 10.30 Uhr | 2, rue Palmaro | www.confitures-herbin.com*).

Jean Cocteau hat den *Hochzeitssaal* des Rathauses 1958 mit Wandmalereien ausgestaltet (*Hôtel de Ville | Salle de Mariage | Mo–Fr 9–12.30, 14–17 Uhr | 1,50 Euro*). Dem Künstler ist ein *Museum* in einem Gebäude aus dem 17. Jh. am alten Hafen gewidmet (*Musée Jean Cocteau | Bastion du Vieux Port | Mi–Mo 10–12, 14–18 Uhr | 3 Euro*). Bekannt ist Menton auch für seine *Gärten* mit exotischen tropischen Pflanzen wie den *Jardin Botanique de Val Rahmeh (av. St-Jacques – Mai–Sept. Mi–Mo 10–12.30, 15.30–18.30, Okt.–April 10–12.30, 14–17 Uhr | 8 Euro*). Größer ist der am Hang gelegene *Jardin Serre de la Madone (74, route de Gorbio | Nov. geschl., Di–So 10–18, im Winter 10–17 Uhr | 7 Euro*), den der Engländer Lawrence Johnston vor gut 100 Jahren angelegt hat. Nur ein paar Schritte vom Meer entfernt liegt das *Hôtel Aiglon (29 Zi. | 7, av. de la Madone | Tel. 04 93 57 55 55 | www.hotelaiglon.net | €€€*). Die Belle-Epoque-Villa mit Palmengarten und Schwimmbad liegt allerdings an einer viel befahrenen Straße. Auskunft: *av. Boyer 8 | Tel. 04 92 41 76 76 | www.menton.fr*

ROQUEBRUNE-CAP-MARTIN
(129 D5–6) (*m* Q2)
Der Architekt Charles Eduard Jeanneret, als Le Corbusier weltbekannt, hat lange in der Doppelgemeinde (13 200 Ew., 8 km östlich) nahe der französisch-italienischen Grenze gelebt und ist auf

MONACO UND UMGEBUNG

dem Friedhof von Roquebrune beerdigt. Am Strand zeugt sein *cabanon* (Wochenendhäuschen) von seinem künstlerischen Schaffen. Aus dem Mittelalter ist der *Wehrturm (donjon)*. Von der 26 m hohen ☼ *Aussichtsplattform* hat man eine tolle Sicht auf das Dorf, Cap-Martin und Monaco *(Château | Juli/Aug. tgl. 10–12.30, 15–19.30, April–Juni und Sept. 10–12.30, 14–18, sonst bis 17 Uhr | 3,70 Euro)*. 4000 Jahre alt soll der INSIDER TIPP *Olivenbaum (olivier millénaire)* mit seinem 10 m umfassenden Stamm sein, der 200 m hinter dem Ortsausgang steht. Auskunft: *av. Aristide Briand 214 | Tel. 04 93 35 62 87 | www.roquebrune-cap-martin.com*

STE-AGNÈS (129 D5) (*Q2*)

Gepflasterte Gassen, vier Kirchen und ein ☼ Fort, das einst zur Maginot-Linie gehörte und heute einen herrlichen Ausblick aufs Meer bietet: 800 m hoch liegt das mittelalterliche Dorf (rund 1000 Ew.) über der Küste 23 km im Nordosten von Monaco. Die in den Felsen gebaute Festung *(Juli–Sept. Di–So 15–18, sonst nur Sa/So 14–17.30 Uhr | 3,70 Euro | auch im Sommer Pullover überziehen)* ist heute ein Museum. Auskunft: *sainteagnes06.free.fr*. Lohnenswert auf der Rückfahrt ist ein Abstecher nach *Gorbio* mit seinen engen Gassen und zwei Kapellen aus dem 13. und 15. Jh. *(www.gorbio.fr)*.

TROPHÉE DES ALPES ★ ☼
(129 D6) (*P2*)

Mit dem Bau des Denkmals 480 m über dem Meer feierte der römische Kaiser Augustus die Unterwerfung von 44 Volksstämmen in den Alpen. Sonnenkönig Louis XIV. versuchte, das 50 m hohe und 38 m lange Gebäude aus weißem Stein zu sprengen. Der Amerikaner Edward Tuck schließlich ließ das Denkmal zwischen 1929 und 1933 renovieren und bis auf 35 m Höhe wieder aufbauen. Die ganze Geschichte der parkähnlich angelegten Festung mit Aussichtsterrasse in heute 3200 Ew. zählenden Dorf *La Turbie* (5 km nordwestlich) wird im *Museum* erzählt *(Juli–Sept. tgl. 9–19, Okt.–März Di–So 9.30–17, April–Juni Di–So 9–18 Uhr | 5 Euro)*.

Wie viele Dörfer hinter der Küste ist Roquebrune steil an den Fels gebaut

Bild: Nizzas zentrale Place Masséna

NIZZA UND UMGEBUNG

Nach dem Zweiten Weltkrieg hat sich Nizza zur unangefochtenen Metropole der Côte d'Azur entwickelt. Sanft geschwungener, 10 km langer Strand, die Promenade des Anglais mit den Palästen der Belle Epoque, eine Altstadt mit bunten Häusern und Kunstschätzen des Barock, Museen und Bibliotheken sowie ein Hauch von Italien machen nach wie vor ihre große Anziehungskraft aus.

Trotz der Nähe zu Nizza haben sich Orte wie St-Jean-Cap-Ferrat oder Villefranche-sur-Mer einen eigenen, außerhalb der Hochsaison sogar gemütlichen und stillen Charakter bewahrt. Ein paar Kilometer im Norden tauchen Sie in die stille Welt der Berge ein. Wie Schwalbennester kleben hier kleine Dörfer auf den Hügeln. Die Franzosen nennen sie *villages perchés*, also „Dörfer wie auf der Vogelstange". Dicht an dicht und verschachtelt stehen die Häuser aneinander. Enge und teilweise überwölbte Gassen prägen die Ortsbilder. Ausführliche Informationen auch im MARCO POLO „Nizza/Cannes/Monaco".

NIZZA

KARTE IM HINTEREN UMSCHLAG (133 E–F 2–3) (*O–P 2–3*) In **Nizza** *(Nice)*, mit rund 350 000 Einwohnern Hauptstadt des Départements Alpes-Maritimes, hat die über 2400 Jahre alte Geschichte tiefe Spuren hinterlassen.

Gegründet wurde das antike Nikaia im 4. Jh. v. Chr. von den Griechen; in Ce-

Wie Perlen auf einer Schnur reihen sich die Orte an der Côte d'Azur, doch Nizza ist ihre unbestrittene Hauptstadt

CITY WOHIN ZUERST?

Place Masséna: Von der Place Masséna sind Nizzas Altstadt oder die Promenade des Anglais am Meer bequem zu Fuß zu erreichen. Der Platz ist mit der Einweihung der Straßenbahnlinie zur Fußgängerzone umgestaltet worden. Das Parkhaus *Masséna* ist zuweilen belegt, eine Alternative ist das Parkhaus *Saleya* in der Altstadt.

menelum, dem heutigen Stadtteil Cimiez, siedelten die Römer ab 150 v. Chr. eine Kolonie an. Ab dem 14. Jh. gehörte Nizza zu Savoyen, es schloss sich erst 1860 per Volksentscheid Frankreich an.

Spuren dieser Geschichte sind viele zu finden, doch Nizza hat sich immer weiterentwickelt. Fast alle Verrücktheiten der Moderne haben ihren Niederschlag in der Stadt zwischen Meer und Seealpen gefunden. Die Engländer finanzierten den Bau der von Palmen gesäumten ★ *Promenade des Anglais*, die Vorbild

NIZZA

Wie zu Hause in Moskau, bloß nicht so kalt: die russisch-orthodoxe St-Nicolas-Kathedrale in Nizza

für alle Strandboulevards dieser Welt wurde. Adlige Russen erkoren Nizza zum Winterdomizil – die 1912 von der Zarenfamilie eingeweihte Kathedrale *St-Nicolas* ist heute noch die größte russisch-orthodoxe Kirche außerhalb des Heimatlands. Paradebeispiel für die Paläste der Belle Epoque ist seit 1913 das *Negresco* mit seiner roten Kuppel, eins der besten Hotels weltweit.

Nizza setzt auch auf die Zukunft: Das Kongresszentrum *Acropolis*, das Museum für Zeitgenössische Kunst und die INSIDER TIPP *Bibliothek Louis Nucéra* mit monumentalem eckigem Betonkopf thronen als Zeugen moderner Architektur auf dem fast komplett überbauten Flussbett des Paillon. Und das Gesicht Nizzas wandelt sich weiter: Mit der Straßenbahnlinie *(tramway)* von der Autobahnausfahrt Nice-Nord hinunter zur Place Masséna und wieder hinauf ins Paillon-Tal hat die Stadt ihre Fußgängerzonen erweitert und aus der Place Garibaldi im Norden des mittelalterlichen Zentrums ein Schmuckstück gemacht, das jeden Abend kunstvoll beleuchtet wird. Entlang der Schienenstrecke sind ein gutes Dutzend zeitgenössischer Kunstwerke aufgebaut, für die das Verkehrsamt jeden Freitag ab 19 Uhr INSIDER TIPP eine Führung (mit Fahrkarte 10 Euro) anbietet.

SEHENSWERTES

ALTSTADT

Die Gassen und Plätze umgeben von Häusern in kräftigem Ockergelb und Rostrot verleihen der weitgehend restaurierten Altstadt ihren unwiderstehlichen Charme. Märkte, Restaurants und Geschäfte sorgen für Betrieb. Das eindrucksvollste Bauwerk ist aber nicht so einfach zu finden: Das ● INSIDER TIPP *Palais Lascaris (Mi–Mo 10–18 Uhr | rue Droite 15 | Eintritt frei)* aus dem 17. Jhs. wurde im Stil eines Genueser Palasts mit außergewöhnlicher Fassade und monumentaler Treppe in eine enge Gasse gebaut. Weitere Meisterwerke des Barock sind die Kathedrale *Ste-Réparate* an der Place Rosetti, die *Chapelle de la Miséricorde* am Cours Saleya und die

NIZZA UND UMGEBUNG

Kirche *St-Jacques* – oder *Gesù* – in der Rue Droite. Drei Plätze geben der Altstadt ihren architektonischen Rhythmus: im Norden die von Arkaden gesäumte *Place Garibaldi* mit dem Denkmal des Freiheitshelden, die *Place St-François* mit ehemaligem Stadthaus und Fischmarkt sowie der *Cours Saleya* mit seinem farbenprächtigen Blumenmarkt im Süden.

BUTTE DU CHÂTEAU

Von der 1706 zerstörten Trutzburg und der Kathedrale des Mittelalters sind nur noch die Fundamente übrig. Heute ist der Schlosshügel eine Parkanlage mit Wasserfällen und herrlichem Blick auf die Altstadt im Westen, den Hafen im Osten und das Meer im Süden.

CIMIEZ

Die Keimzelle des römischen Nizza auf einer Hochfläche vor dem Mont Gros ist heute eine Villengegend. Zu entdecken sind die Ruinen der Thermen und vor allem das *Amphitheater*, das im Sommer zur Bühne für das Jazzfestival wird. Sehenswert sind neben einigen Museen das Franziskanerkloster *Monastère Notre-Dame-de-Cimiez* mit der Kirche *Notre-Dame-de-l'Assomption* (Mo–Sa 10–12, 15–18 Uhr | pl. du Monastère | Eintritt frei | Bus 15, 22), in der drei Altartafeln von Louis Bréa zu sehen sind.

MUSEÉ D'ART MODERNE ET D'ART CONTEMPORAIN

Das 1990 eingeweihte Gebäude der Architekten Yves Bayard und Henri Vidal über dem Fluss Paillon am Tor zur Altstadt Nizzas ist mit seinen vier Marmortürmen der ideale Ausstellungsraum für die französische und amerikanische Avantgarde seit 1960. Glanzstücke sind die Säle mit Arbeiten des in Nizza geborenen Yves Klein (1928–62), darunter einige seiner berühmten **INSIDER TIPP** „blau-

---

MARCO POLO HIGHLIGHTS

⭐ **Promenade des Anglais**
Engländer finanzierten die von Palmen und Palästen gesäumte Flaniermeile direkt am Meer → S. 41

⭐ **Musée National Message Biblique Marc Chagall**
Das Vermächtnis des Meisters in Nizza – die größte Sammlung seiner Werke → S. 44

⭐ **Märkte**
Blumen, Fische, Fleisch, Gemüse – ein buntes Fest für alle Sinne in Nizzas Altstadt → S. 46

⭐ **Musée National Fernand Léger**
Und noch ein Vermächtnis: Riesenkeramik und starke Bilder in Biot → S. 48

⭐ **Cap Ferrat**
Auf der Halbinsel der Monarchen und Millionäre stehen prächtige Villen in üppigen Parks und an kleinen Stränden → S. 48

⭐ **Eze**
Paradebeispiel für ein village perché. Schon Nietzsche verbrachte seine Ferien in dem Dorf hoch über dem Meer → S. 49

⭐ **Chapelle du Rosaire**
Ein Bauwerk, ein Künstler: Matisse entwarf und gestaltete die Kapelle in Vence → S. 51

⭐ **Fondation Maeght**
Unvergleichliches Privatmuseum in St-Paul-de-Vence → S. 53

NIZZA

en Bilder", oder die Sammlung, die Niki de St-Phalle dem Museum vermacht hat. Vertreten sind neben dem Lokalmatador Benjamin Vautier (Ben) außerdem US-Künstler wie Andy Warhol, Rob Rauschenberg und Tom Wesselmann. Oben von der 🌿 Dachterrasse aus bietet sich ein herrlicher Blick auf Stadt und Meer. *Di–So 10–18 Uhr | promenade des Arts | Eintritt frei | www.mamac-nice.org*

MUSÉE DES BEAUX-ARTS
Italienische und französische Malerei des 17. bis 20. Jhs. sind in einem Palais in dem Universitätsviertel Les Baumettes zu sehen; darunter Hauptwerke von Hubert Robert, Kees van Dongen, Raoul Dufy und Auguste Rodin. *Di–So 10–18 Uhr | 33, av. des Baumettes | Eintritt frei | Bus 9, 22 | www.musee-beaux-arts-nice.org*

MUSÉE DÉPARTEMENTAL DES ARTS ASIATIQUES
Das jüngste Museum der Stadt wurde von dem japanischen Architekten Kenzo Tange mutig und elegant in den Parc Phoenix im Geschäftszentrum Les Arénas hineingebaut. Klassische und zeitgenössische Kunst aus Asien. *Mi–Mo 10–17, im Sommer bis 18 Uhr | 406, promenade des Anglais | Eintritt frei | Bus 9, 10 | www.arts-asiatiques.com*

MUSÉE MATISSE ●
Henri Matisse (1869–1954) lebte von 1917 bis zu seinem Tod in Nizza. In einer Genueser Villa aus dem 17. Jh. in einem Olivenhain von Cimiez wird die eigene Sammlung des Malers als repräsentativer Überblick über das Gesamtwerk gezeigt. *Mi–Mo 10–18 Uhr | 164, av. des Arènes de Cimiez | Eintritt frei | Bus 15, 22 | www.musee-matisse-nice.org*

MUSÉE NATIONAL MESSAGE BIBLIQUE MARC CHAGALL ★
Der Maler Marc Chagall (1887–1985) selbst hat die größte zusammenhängende Sammlung seiner Werke gestiftet, für die in Cimiez ein eigenes

Künstler gleich Stifter: Marc Chagalls größte Sammlung bekam in Cimiez ein eigenes Museum

NIZZA UND UMGEBUNG

Museum gebaut wurde. Den Schwerpunkt bilden biblische Botschaften mit Gemälden, Skulpturen, Tapisserien und das Mosaik des Propheten Elias an der Außenwand des Gebäudes. *Mai–Okt. Mi–Mo 10–18, Nov.–April 10–17 Uhr | Av. Dr. Ménard | 7,50 Euro | Bus 22, 15 | www.musee-chagall.fr*

INSIDER TIPP VILLA ARSON
In der Villa aus dem 18. Jh. mit einem schönen Garten, eingebettet in einen Gebäudekomplex im Bauhaus-Stil, geht es ausschließlich um zeitgenössische Kunst. Die Hochschule mit ihrer Mediathek zeigt die spannendsten Ausstellungen am Mittelmeer. *Mi–Mo 14–18 Uhr | 20, av. Liégeard | Eintritt frei | Tramway: Le Ray | www.villa-arson.org*

ESSEN & TRINKEN

LE GRAND CAFÉ DE TURIN
Seit 1908 die Institution für frische Meeresfrüchte in Nizza – Austern schlürfen zu jeder Tageszeit. Wer Muscheln und Fisch lieber gekocht ist, hat die Wahl zwischen zwei weiteren Restaurants unter den Arkaden an der Place Garibaldi, dem *Turin (Do–Di)* oder dem *Turinissimo (So–Abend, Mo, Di-Mittag geschl.)*. *Tgl. | 5, pl. Garibaldi | Tel. 04 93 85 30 87 | www.cafedeturin.fr | €–€€*

LA MERENDA
Winziges Restaurant, also kein Platz für ein vertrauliches Tête-à-Tête. Dominique Le Stanc kocht lokale Spezialitäten, alles frisch vom Markt. *Sa/So geschl., persönlich reservieren | 4, rue de la Terrasse | €–€€*

PLAGE BEAU RIVAGE ●
Direkt am Strand, mitten in der Stadt und dennoch hören Sie im Restaurant des *Hotels Beau Rivage (118 Zi. | 24, rue St-François-de-Paule | Tel. 04 92 47 82 82 | www.nicebeaurivage.com)* keinen Straßenlärm, sondern nur das Rauschen des Meers. Ideal zum Entspannen bei einem kleinen Mittagessen oder im Sommer zum Dinner nach dem Bad im Meer. *Ganzjährig mittags, Mai–Sept. auch abends | 107, quai des Etats-Unis | Tel. 04 93 80 75 06 | www.plagenicebeaurivage.com | € mittags – €€€ abends*

LA TABLE ALZIARI
Als Speisekarte dient die Schiefertafel. Die Familie Alziari kocht in einer Altstadtgasse köstliche Gerichte der Region. *So/Mo geschl. | 4, rue François Zanin | Tel. 04 93 80 34 03 | €€*

INSIDER TIPP L'UNION
Touristen verirren sich selten ins Borriglione-Viertel, das mit den Universitätszweigstellen einen neuen Aufschwung erlebt. Daniel Alvarez hat die Brasserie mit Sommergarten und Boulefeld von der Familie Menardo übernommen und bleibt

NIZZA

beim Konzept, Spezialitäten aus Nizza wie *pissaladière*, Kutteln *(tripes)*, Gemüsekrapfen *(beignets)* oder Rinderragout *(daube)* zu vernünftigen Preisen anzubieten. *1, rue Michelet | Tel. 04 93 84 65 27 | Tramway: Valrose-Universität | www.unionrestaurant.fr | €*

XXL-Shoppen: Im Nicetoile gibt es an die 100 Boutiquen

EINKAUFEN

Um seine ★ Märkte in der Altstadt wird Nizza im ganzen Land beneidet. Eine Institution ist der *Fischmarkt (Di–So 6–13 Uhr)* auf der Place St-François mit ungeheuer großem Angebot. Nur ein paar Schritte weiter auf dem *Cours Saleya*, wo der *Marché aux Fleurs (Di–Sa 6–17.30, So 6–12 Uhr)* zu Hause ist, gibt es Blumen im Überfluss, dazu kommt noch der nicht minder farbenfrohe *Lebensmittelmarkt (Di–So 7–13 Uhr)*.

Eine Institution für den Kauf von Olivenöl ist INSIDER TIPP *Nicolas Alziari (14, rue St-François de Paule)*. Das Spezialitätengeschäft für kandierte Früchte, *Maison Auer (7, rue St-François de Paule)*, bietet auch Schokolade und Pralinen. Stöbern kann man auf dem kleinen Antiquitätenmarkt, *Les Puces de Nice (Di–Sa 10–18 Uhr)*, am Hafen. Für Mode sind die Straßen rund um die Rue de la Liberté die erste Adresse. Die großen Marken finden Sie in den Geschäften im Viertel westlich der Avenue Jean Médecin zwischen dem Boulevard Victor Hugo und der Promenade des Anglais. Dort haben einst die Schmuckdesigner Pascale und Enzo Amaddeo begonnen, die ihre Boutiquen heute überall in Europa betreiben *(Les Néréides | 12, rue du Paradis | www.lesnereides.com)*. Größtes innerstädtisches Einkaufszentrum ist ● *Nicetoile (30, av. Jean Médecin | www.nicetoile.com)* mit rund 100 Boutiquen unter einem Dach.

STRÄNDE & SPORT

Auf 7 km Länge liegen 15 private und 20 öffentliche Badestrände. Am Strand *Opéra/Beau Rivage* hat *Nikaia Water Sports (www.nikaiaglisse.com)* sein Zentrum mit Wasserski, Gleitschirmsegeln, Kanu- und Kajakverleih aufgebaut. Auf der *Promenade des Anglais* gibt's eine Extraspur für Radler und Rollerfahrer. Großes Wellness- und Spa-Angebot, z. B. *Deep Nature Spa (Hotel Boscolo Exedra | 12, bd. Victor Hugo | www.deepnature.fr)* und der ebenfalls für externe Gäste offene Spa-Bereich im *Hôtel Splendid (50, bd. Victor Hugo | www.spa-splendid.com)*. Der ❋ Pool auf dem Dach ist aber nur für Hotelgäste.

NIZZA UND UMGEBUNG

AM ABEND

Nizza ist eine Großstadt mit Universität, entsprechend breit das Angebot an Kinos, Diskos, Theatern, aber auch Spielkasinos. Treffpunkte sind die Altstadt rund um den *Cours Saleya* mit Livebands im *Pub Wayne's* (15, rue de la Préfecture | www.waynes.fr) und in der *Bar des Oiseaux* (5, rue St-Vincent | www.bardesoiseaux.com). DJs sorgen jeden Abend in der *Happy Bar* des *Designhotels Hi* (38 Zi. | 3, av. des Fleurs | Tel. 04 97 07 26 26 | www.hi-hotel.net | mit 🌱 Bio-Restaurant und Pool auf dem Dach | €€€) für Stimmung.

ÜBERNACHTEN

COMTÉ DE NICE

Einfaches, blitzsauberes Hotel zu günstigen Preisen in der Nähe des Bahnhofs, eines öffentlichen Parkplatzes und der Tramstation *Libération*. *55 Zi. | 12 Apts. | 29, rue de Dijon | Tel. 04 93 88 94 56 | www.fuaj.org | Reservierung unter www.hotelcomtedenice.com | €*

NEGRESCO ●

Das Nonplusultra in punkto Hotel, seit fast 50 Jahren von derselben Familie geleitet. Ausgesuchter Luxus im Stil der Belle Epoque und seit 2003 mit Fassaden, Glaskuppel und Baccaratlüster offiziell als historisches Baudenkmal eingestuft. Angeschlossen sind das Spitzenrestaurant *Le Chanteclerc* (Mo, Di, Jan. geschl. geschl. | €€€), die Brasserie *La Rotonde* (€€ – €€€) und die Bar *Le Relais* (11.30 – 1 Uhr) mit der aufgefrischten Dekoration aus dem Jahr 1913. *125 Zi. | 37, promenade des Anglais | Tel. 04 93 16 64 00 | www.hotel-negresco-nice.com | €€€*

PETIT LOUVRE

Einfaches, aber charmantes, günstiges Haus mit kleinen Zimmern für junge Leute. Herzlicher Empfang. *32 Zi. | 10, rue Emma Tiranty | Tel. 06 22 40 78 59 | www.hotelgoodprice.com | Nov.–Jan. geschl. | €*

WINDSOR

Mitten in der Stadt, aber mit Garten und nah am Meer. Ein Teil der 62 Zimmer wurde von Künstlern wie Lawrence Weiner, Ben oder Raymond Hains dekoriert. *11, rue Dalpazzo | Tel. 04 93 88 59 35 | www.hotelwindsornice.com | €€€*

AUSKUNFT

Umfangreiches Infomaterial gibt es auch in deutscher Sprache, entweder am Bahnhof *(av. Thiers)* oder im Zentrum *(5, promenade des Anglais | Tel. 08 92 70 74 07 | www.nicetourisme.com)*. Das Verkehrsamt vertreibt den *French Riviera Pass* (24 für 1 Tag, 36 Euro für 2 Tage) mit der Stadtrundfahrt „Nice le Grand Tour", Stadtführungen und Rabatten in Restaurants und Geschäften.

ZIELE IN DER UMGEBUNG

BEAULIEU-SUR-MER (133 F3) (📖 *P3*)

Mit Palmen und Palästen ein typisches Seebad (3700 Ew., 8 km östlich) der Belle Epoque. Schon Baumeister Gustave Eiffel und Gordon Bennett, Chef des New York Herald Tribune, residierten hier. Mit 1000 Plätzen ist Beaulieu-sur-Mer heute ein wichtiger Yachthafen. An der Südspitze der Ameisenbucht *(Baie des Fourmis)* hat sich der Archäologe Theodor Reinach Anfang des 20. Jhs. seinen Traum verwirklicht und mit edlen Materialien die Kopie einer Villa des klassischen Griechenland gebaut: die *Villa Kérylos* (Feb.–Juni, Sept.–Okt. tgl. 10–18, Juli/Aug. 10–19, Nov.–Feb. Mo–Fr 14–18, Sa/So 10–18 Uhr | 9 Euro | www.villa-kerylos.com).

NIZZA

BIOT ● (133 D4) (*N–O3*)

Die Kunst der Töpferei in Biot (9000 Ew., 20 km westlich) reicht bis in die Antike zurück. Seit 50 Jahren ist das Dorf mit seinem schönen Ortskern zudem auf Glasbläserei und Schmuck spezialisiert. Wie die Kunsthandwerker arbeiten, ist in der Glasbläserei zu sehen *(Verrerie de Biot | chemin des Combes | Sommer Mo–Sa 9.30–20, So 10–13, 15–19, Winter Mo–Sa 9.30–18, So 10.30–13, 14.30–18.30 Uhr | www.verreriebiot.com)*.

Seit 1960 ist der Ort untrennbar mit Fernand Léger (1881–1955) verbunden. Das ★ *Musée National Fernand Léger* beherbergt die 348 Werke, die von der Witwe des Künstlers dem französischen Staat gestiftet wurden. 500 m² groß ist das Mosaik an der Hauptfassade, das einst im Stadion von Hannover eine Huldigung an den Sport sein sollte *(Mi–Mo 10–17, Juni–Okt. bis 18 Uhr | im Südosten des Dorfes | 7,50 Euro | www.musee-fernandleger.fr)*.

In den Kellergewölben des *Hotel-Café des Arcades* hat das Wirtspaar Mimi und André Brothier seit über 40 Jahren INSIDER TIPP ▶ Kunstschätze (Fernand Léger, Victor Vasarely etc.) zusammengetragen. Das Restaurant bietet etwas zu teure provenzalische Küche, dafür sind aber die Zimmer wunderschön dekoriert *(pl. des Arcades | Tel. 04 93 65 01 04 | www.hotel-restaurant-les-arcades.com | Restaurant €€ | Hotel mit 12 Zi., €–€€)*. Auskunft: *46, rue St-Sébastien | Tel. 04 93 65 78 00 | www.biot.fr*

CAGNES-SUR-MER (133 D–E3) (*O3*)

Das einstige Fischerdorf *Cros-de-Cagnes* mit der Pferderennbahn hat sich noch ein bisschen Charme bewahrt, Cagnes selbst allerdings scheint im Autoverkehr zu ersticken: Die Stadt (49 000 Ew., 15 km westlich) ist ein negatives Beispiel für die Auswirkungen der Zersiedelung der Küste. Reizvoll dagegen ist heute noch die Altstadt *Haut-de-Cagnes* mit dem *Schloss* der Grimaldi-Fürsten, die bis zur Französischen Revolution die Geschicke des Ortes bestimmt haben. Schlendert man in den Gassen und unter den Arkaden im Schatten des mittelalterlichen Schlosses mit einem bezaubernden Renaissance-Innenhof (INSIDER TIPP ▶ *Château Musée* mit Kunstsammlung und Olivenbaummuseum | Sommer Mi–Mo 10–12, 14–18, im Winter bis 17 Uhr | 4 Euro) wird deutlich, warum viele Maler diesen Ort auf den vielen Hügeln als Domizil erwählt haben. Pierre-Auguste Renoir (1841–1919) hat sich mitten im Olivenhain *Les Collettes* eingerichtet. Sein Haus mit schönem Garten und der Bronzeskulptur *Venus Victrix* ist heute Gedenkstätte und Museum *(Musée Renoir | Sommer Mi–Mo 10–12, 14–18, im Winter bis 17 Uhr | 4 Euro)*. Auskunft: *Office du Tourisme | bd. Maréchal Juin 6 | Cagnes | Tel. 04 93 20 61 64 | www.cagnes-tourisme.com*

CAP FERRAT ★ (133 F3) (*P3*)

Die 3,5 km lange Halbinsel der Millionäre um das alte Fischerdorf *St-Jean-Cap-Ferrat* (2100 Ew., 6 km östlich) mit ihren prächtigen Villen, üppigen Parks, kleinen Stränden und dem ⚓ *Leuchtturm* mit Traumblick, lässt sich am besten zu Fuß erobern. Die 11 km des Küstenwanderwegs *(sentier littoral)* geben immer wieder Blicke frei auf Immobilien, die einst Prominenten wie Belgienkönig Leopold II., Gregory Peck oder Somerset Maugham gehörten. ● Die schönste Anlage ist für Besucher geöffnet: 1910 ließ Baronin Béatrice Ephrussi de Rothschild mitten auf der Halbinsel die *Villa* im italienischen Stil bauen, die heute zusammen mit dem 7 ha großen Park zum *Musée Ile-de-France* mit mehr als 5000 Kunstwerken geworden ist *(Villa Ephrussi de Rothschild | Feb.–Okt. tgl. 10–18, Juli/*

NIZZA UND UMGEBUNG

In die Felsen gebaut: Das Dorf Eze mit phantastischer Aussicht

Aug. bis 19, Nov.–Jan. 14–18 Uhr | www. villa-ephrussi.com | 10 Euro). Auskunft: *av. Séméria 29 | Tel. 04 93 76 08 90 | www. saintjeancapferrat.fr*

EZE ★ ☘ (133 F2) (*P2*)

Die ägyptische Gottheit Isis soll dem Dorf, das sich an den Felsen 427 m steil über dem Meer schmiegt, seinen Namen gegeben haben. Eze, knapp 10 km im Osten von Nizza, ist mit seinen rund 3000 Einwohnern das Paradebeispiel für ein *village perché*. Für den Segen des Tourismus hat Eze den traditionellen Nelken- und Mandarinenanbau fast aufgegeben. Friedrich Nietzsche erkor das sorgfältig restaurierte Dorf mit den steilen Gassen zu seinem Feriendomizil. Wer den Fußweg (2 Std. hin und zurück) auf den Spuren des Philosophen vom Badeort *Eze-Bord-de-Mer* hinauf zum Berg folgen will, braucht eine gute Kondition. Eine Attraktion in Eze ist der *Jardin Exotique (im Sommer 9–20, sonst 9–17.30 Uhr | 5 Euro)* mit seinen Kakteen rund um die Ruine der *Burg* aus dem 14. Jh., die Sonnenkönig Ludwig XIV. Anfang des 18. Jhs. schleifen ließ. Von der Terrasse aus ist die Aussicht auf die Riviera traumhaft. Ganz oben auf dem Felsen bietet das luxuriöse ☘ Hotelrestaurant *Château Eza (9 Zi. | rue de la Pise | Tel. 04 93 41 12 24 | www.slh.com/eza | €€€)* einen wundervollen Ausblick. Auskunft: *pl. de Gaulle | Tel. 04 93 41 26 00 | www. eze-riviera.com*

INSIDER TIPP LUCÉRAM ●
(133 F1) (*P1*)

Im 15. Jh. eine florierende Etappe auf der Salzstraße, hat Lucéram (1200 Ew.), 25 km nördlich von Nizza, Spuren seiner reichen Geschichte bewahrt. Kostbar ist der Kirchenschatz in der *Eglise Ste-Marguerite* mit Altarbildern von Giovanni Canavesio und Louis Bréa, die zu den schönsten Beispielen der Schule von Nizza im Barock gehören. Das Dorf feiert am 24. Dezember die Hirtenweihnacht mit Prozession zur Kirche. Außerdem prä-

VENCE

sentiert man zusammen mit dem Weiler *Piera-Cava* (14 km im Norden) von Dezember bis Januar rund INSIDER TIPP 400 private Weihnachtskrippen *(circuit des crèches).* Auskunft: *pl. Adrien Barrals | Tel. 04 93 79 46 50 | www.luceram.com*

PEILLON (129 D5) (*M P2*)

Wie ein Adlernest hockt das Dorf (1300 Ew.), das sich ohne architektonischen Fehlgriff seinen mittelalterlichen Charakter bewahrt hat, auf einem Felsen etwas abseits vom Paillon-Tal, ca. 15 km im Nordosten von Nizza. Es gibt praktisch keine Straßen, nur Treppen und Wege, zum Teil unter Gewölben hindurch. Großartige Fresken von Giovanni Canavesio aus dem 15. Jh. sehen Sie in der *Chapelle des Pénitents Blancs*. Einen Abstecher wert ist der Nachbarort *Peille* (2200 Ew.).

VILLEFRANCHE-SUR-MER
(133 F3) (*M P3*)

Hübsche Altstadt (6600 Ew.) am Meer unterhalb der Zitadelle, die der Herzog von Savoyen im 16. Jh. bauen ließ. Die Festung ist heute ein *Museum* mit Skulpturen von Antoniucci Volti sowie Bildern und der kostbaren Sammlung des Künstlerpaares Christine Boumeester (1904–1971) und Henri Goetz (1909–1989) *(Okt.–Mai Mi–Mo 9–12, 14–17.30, Juni/Sept. 9–12, 15–18, Juli/Aug. 10–12, 14.30 bis 19 Uhr | Eintritt frei).*

Jean Cocteau hat im Jahr 1957 die *Petrus-Kapelle* ausgemalt *(Chapelle St-Pierre | Di–So 9.30–12 und 14–18, Hochsommer Di–So 10–12 und 16–20.30 Uhr | 2,50 Euro).* Auskunft: *Jardin F. Binon | Tel. 04 93 01 73 68 | www.villefranche-sur-mer.com*

LOW BUDG€T

▶ Mit Schwimmbad und Sportplatz: Das Jugendhostel *Clairvallon* in Nizza *(150 Plätze | 26, av. Scudéri | Tel. 04 93 81 27 63 | www.clajsud.fr)* macht die Côte erschwinglich. Der Schlafplatz kostet 18 Euro, mit Vollpension 32,50 Euro; dafür ist Hilfe beim Geschirrspülen gefragt.

▶ Ein Stück *socca*, in Olivenöl gebackener Fladen aus Kichererbsenmehl, eine *pissaladière*, Zwiebelkuchen mit Sardellenfilets, oder ein einfaches *pan bagnat* mit Salat, Oliven und Ei helfen gegen den kleinen Hunger und kosten nicht mal 5 Euro. Gute Adressen in Nizzas Altstadt: *René Socca | 2, rue Miralhéti/Ecke rue Pairolière* oder *Nissa Socca | 5, rue Ste-Réparate*

▶ Nizza macht den großen Schnitt: Bis auf das staatliche Chagall-Museum wird in keinem städtischen Kunsttempel, nicht einmal im Kunst- und Geschichtsmuseum *Palais Masséna* an der Promenade des Anglais, Eintritt verlangt.

▶ Was Großstädten recht ist, ist Dörfern wie St-Paul-de-Vence billig: Etliche Künstler und Galerien machen im Rahmen der Ausstellung „Artenciel" den Ort zum Freilichtmuseum, das sich gratis und bequem zu Fuß erobern lässt.

VENCE

(133 D2) (*M O2*) Die ersten Christen erkoren die 10 km vom Meer entfernt am Fuß der bis zu 1000 m hohen Berge gelegene römische Stadt Vintium im 4. Jh. zu ihrem Domizil.

NIZZA UND UMGEBUNG

1909 entdeckte Raoul Dufy die Bischofsstadt für die Malerei, die Künstler Henri Matisse, Marc Chagall und Jean Dubuffet folgten seinen Spuren. Vence (19 000 Ew.) mit seinen Galerien und Märkten, den vielen Restaurants und seiner zwar kleinen, aber sehr schönen Altstadt ist ein das ganze Jahr über lebendiges Touristenzentrum zwischen Meer und Hinterland. Allerdings ist das früher von Weinbergen, Obstbäumen und Blumenbeeten gekennzeichnete Umland durch unkontrolliertes Bauen völlig zersiedelt.

SEHENSWERTES

ALTSTADT
Die Altstadt von Vence auf einem Felsplateau mit der noch teilweise erhaltenen elliptischen Stadtmauer hat ihren mittelalterlichen Charakter bewahrt. Gleich drei Brunnen besitzt die *Place du Peyra*, das ehemalige römische Forum. Das frühere *Schloss* der Herren von Vence an der Place du Frêne mit einer fast 500 Jahre alten Esche ist heute ein *Museum (Château de Villeneuve | Fondation Emile Hugues | Di–So 10–12.30, 14–18, Juli/Aug. 10–18 Uhr | 5 Euro)* mit Ausstellungen großer Maler der Moderne.

Marc Chagall hat der Kathedrale *St-Véran* mit ihrem Kirchenschiff aus dem 11. Jh., dem Chorgestühl aus dem 15. Jh. und der Fassade aus dem 19. Jh. ein sehenswertes Mosaik für das Baptisterium vermacht. Es stellt die Rettung Moses' aus dem Nil dar.

CHAPELLE DU ROSAIRE
Der Künstler Henri Matisse entwarf einst die Rosenkranzkapelle der Dominikanerinnen etwas außerhalb von Vence an der Straße zu dem eindrucksvollen Berg *(Baou)* von St-Jeannet und stattete sie auch aus. Nach eigener Aussage vollbrachte der Maler damit in Vence sein unbestrittenes Meisterwerk. *Mo, Mi, Sa 14–17.30, Fr (nur in der Ferienzeit) 14–17.30, Di/Do 10–11.30 und 14–17.30, So zur Messe um 10 Uhr, Mitte Nov.–Mitte Dez. geschl. | av. Henri Matisse | 3,50 Euro*

Auch schön: Villefranche-sur-Mer

ESSEN & TRINKEN

AUBERGE DES SEIGNEURS
Die traditionsreiche Gasthof aus dem 17. Jh. liegt am Schloss in der Altstadt. Die 6 Zimmer *(€€)* der Herberge tragen jeweils die Namen berühmter Maler. *Tgl. | pl. du Frêne | Tel. 04 93 58 04 24 | www.auberge-seigneurs.com | €€*

VENCE

LE PÊCHEUR DE SOLEIL
Gleich hinter der Kathedrale in der Altstadt geht es um Pizza in allen Variationen; inzwischen soll es tausend verschiedene Rezepte geben. Sonst Salate oder Steak, ebenfalls zu günstigen Preisen, im Sommer auf der Terrasse. *Tgl. | place Godeau | Tel. 04 93 58 32 56 | www.pecheurdesoleil.com | €*

EINKAUFEN

Vence ist ein Zentrum für Kunsthandwerk mit exquisiten Galerien, aber auch sehr schönen Märkten *(Di–So jeden Morgen auf der Place du Grand-Jardin und der kleinen Place Surian).*

ÜBERNACHTEN

LA LUBIANE
Ein einfacher Gasthof mit blumengeschmückter Terrasse am Ufer der Lubiane rund 400 m vom Stadtzentrum entfernt. Preisgünstiges Restaurant (€). *14 Zi. | 10, av. Joffre | Tel. 04 93 58 01 10 | 15. Nov.–Jan. geschl. | www.lubiane.fr | €*

VILLA ROSERAIE
Geschmackvoll eingerichtete Jugendstilvilla mit Schwimmbad, Terrasse und Garten 400 m vom Zentrum. *14 Zi. | av. Henri Giraud | geschl. Mitte Nov.–Mitte Feb. | Tel. 04 93 58 02 20 | www.villaroseraie.com | €€–€€€*

BÜCHER & FILME

▶ **Der Ducasse** – Das Kochbuch mit den besten Rezepten vom Meister der französischen Küche, Alain Ducasse, bereitet gut auf eine kulinarische Reise vor.

▶ **Des fruits et des fleurs** – Ein Augenschmaus ist der Band, den Journalist Jacques Gantié für die Confiserie *Florian* in Pont-du-Loup mit 25 Rezepten von 25 Spitzenköchen der Côte d'Azur geschrieben hat.

▶ **Das Leuchten von Ste-Marguerite** – Ein spannender Roman voller Lokalkolorit, den Autor Peter Haff auf der Insel vor Cannes spielen lässt.

▶ **Femme Fatale** – Die Festspiele von Cannes stehen im Mittelpunkt des Films, den Brian de Palma 2002 u. a. mit Antonio Banderas sowie Sandrine Bonnaire in ihrer eigenen Rolle an der Croisette drehte.

▶ **Und ewig lockt das Weib** – Roger Vadims Film mit Brigitte Bardot, Curd Jürgens und Jean-Louis Trintignant schreibt 1956 Geschichte und macht St-Tropez zum Zentrum des Jetsets.

▶ **James Bond** – Der elegante Geheimagent im Dienst Ihrer Majestät macht gern mal Station an der Côte – z. B. Sean Connery als 007 in „Sag' niemals nie"(1983) oder Kollege Pierce Brosnan 1995 in „Golden Eye".

▶ **Über den Dächern von Nizza** – Eze, Monaco, Cagnes-sur-Mer, die Grande Corniche und eben Nizza: In Alfred Hitchcocks Klassiker von 1955 ist die Côte d'Azur der Star – neben Grace Kelly und Cary Grant.

▶ **Mr Bean macht Ferien** – Um Stars in Cannes geht es auch in der Komödie mit Rowan Atkinson (2007).

NIZZA UND UMGEBUNG

Großartige Objekte in schönster Naturkulisse: im Garten der Fondation Maeght

AUSKUNFT

Pl. du Grand-Jardin | Tel. 04 93 58 06 38 | www.vence.fr

ZIEL IN DER UMGEBUNG

ST-PAUL-DE-VENCE ● **(133 D3)** (*O3*)
Erst um 1920 entdeckten Künstler das kleine Nest mit seinen hübschen Gassen und der bestens erhaltenen und noch **INSIDER TIPP** begehbaren Stadtmauer aus dem 16. Jh. Heute gilt dieser Ort (3300 Ew.) als eine der exklusivsten Adressen an der ganzen Côte d'Azur. Dazu beigetragen hat das legendäre Restaurant *La Colombe d'Or (tgl. | pl. des Ormeaux | Tel. 04 93 32 80 02 | www.la-colombe-dor.com | €€€ | auch 26 Zi. | mit Park und Schwimmbad | €€€)*. Ihm haben große Meister der Moderne, u. a. Pablo Picasso und Georges Braque, eine kostbare Kunstsammlung vermacht. Fast 20 Jahre lang hat Marc Chagall in dem Dorf gelebt. Günstigen Mittagstisch serviert das *Café de la Place (place Général de Gaulle | Tel. 04 93 32 80 03 | €)* am großen Bouleplatz direkt am Ortseingang. Auskunft: *2, rue Grande | Tel. 04 93 32 86 95 | www.saint-pauldevence.com*

Hunderttausende Kunstliebhaber pilgerten schon in eines der schönsten Privatmuseen der Welt, die ★ *Fondation Maeght* (sprich: Maag) etwas außerhalb des Dorfs St-Paul-de-Vence. Der katalonische Architekt Josep Lluis Sert entwarf für das Sammlerpaar Aimé und Marguerite Maeght mit Künstlern wie Joan Miró, Georges Braque, Alberto Giacometti und Marc Chagall den Bau aus hellem Beton und rotem Backstein. Er fügt sich harmonisch in die mediterrane Landschaft ein. Im Freigelände werden große Skulpturen ausgestellt. Ins Gebäude locken eine riesige Sammlung der Moderne und jedes Jahr sehenswerte Wechselausstellungen *(tgl. 10–18, im Hochsommer bis 19 Uhr | 11 Euro | www.fondation-maeght.com)*.

CANNES UND UMGEBUNG

Seinen Aufstieg verdankt Cannes einem Zufall. Weil 1834 ein britischer Lord an der (damals noch existierenden) Grenze zu Nizza abgewiesen wurde, wählte er sein Winterdomizil in der Bucht an der Croisette, und viele folgten ihm.

Seine Statue überblickt heute das Gebäude, in dem einmal im Jahr die Goldene Palme bei den internationalen Filmfestspielen vergeben wird. Cannes und Antibes bilden zusammen eins der wichtigsten Strandbäder der Côte d'Azur mit noblen Geschäften, Hotelpalästen der Belle Epoque und unzähligen Sonnenhungrigen am Strand. Im stillen Hinterland sorgt Grasse mit herrlichen Düften dafür, dass das Publikum sich wohl fühlt. Ausführliche Informationen auch im MARCO POLO „Nizza/Cannes/Monaco".

ANTIBES

(133 D4) (*O4*) Antibes (77 000 Ew.), von den Griechen als Antipolis, Gegenstadt, zu Nizza gegründet, war ein Grenzposten, bis die Metropole 1860 zurück zu Frankreich kam. Das machen noch heute die Festungsanlagen deutlich.

Die Stadt, zu der die Halbinsel Cap d'Antibes mit ihren Badeorten gehört, ist mit ihren Märkten und Museen das ganze Jahr über quicklebendig.

SEHENSWERTES

ALTSTADT

Noch ist ein Teil der Festungsmauern *(remparts)* erhalten, die das alte Antibes

Bild: Strand an der Croisette, der Promenade von Cannes

In der Heimat der Goldenen Palmen: Cannes und Antibes sind klassische Strandbäder, Grasse sorgt für schönen Duft

(Vieil Antibes) vor Übergriffen aus Nizza schützten. Die *Porte Marine* war über Jahrhunderte hinweg der einzige Zugang zum Hafen. Nur ein paar Schritte weiter, an der Place du Révèly, sind die *Chapelle du St-Esprit*, die *Kathedrale* und vor allem das alte *Grimaldi-Schloss*, heute Picasso-Museum, Zeugen der Vergangenheit. Eine Attraktion ist der INSIDER TIPP *überdachte Marktplatz* auf dem Cours Masséna. Die kleine *Rue du Bas-Castelet* mit den blumengeschmückten Häuschen führt durch den *Safranier*, den Freistaat in der Stadt, der seit 1966 seinen eigenen Bürgermeister hat. Vom Festungsturm *Bastion St-André* gelangen Sie zurück zum kleinen, windgeschützten Strand *La Gravette* am alten Hafen.

CAP D'ANTIBES ★

Luxusvillen mit prächtigen Gärten stehen neben unscheinbaren Ferienhäuschen. Der *Pilgerweg (Chemin du Calvaire)* führt zur *Chapelle de la Garoupe (tgl. 9.30–12, 14.30–19 Uhr, im Winter bis 17 Uhr | Eintritt frei)* mit ihren Votivtafeln von Seeleu-

ANTIBES

Von der tollen Lage des Picasso-Museums profitieren auch Skulpturen anderer Künstler

ten. Daneben steht der ☀ *Leuchtturm*, dessen Aussichtsplattform ein einzigartiges Panorama bietet. Mitten auf der Halbinsel versteckt sich der 4 ha große Garten *Jardin Thuret*, ein französisches Botanikforschungszentrum (*Mo–Fr 8–18, im Winter 8.30–17.30 Uhr | kein Eintritt*), in dem Gustave Thuret 1857 die ersten Palmen und Eukalyptusbäume an der Côte d'Azur ansiedelte. Außen herum führt ein Küstenwanderweg bis zur *Villa Eilenroc* an der Südspitze, die Charles Garnier 1867 für einen reichen Holländer entwarf. Die letzte Besitzerin vermachte die Villa der Stadt, die dort illustre Gäste empfängt und den Park mit Olivenhain wie den Rosengarten für die Bevölkerung öffnet (*Sept.–Juni Di, Mi, Sa 9–17 Uhr | Eintritt frei*). Eilenroc ist ein gutes Beispiel dafür, dass die Halbinsel trotz Immobilienspekulation einen eigenständigen Charakter und viel Charme bewahrt.

MUSÉE PICASSO ★

Das ehemalige Grimaldi-Schloss war eine der vielen Stationen Pablo Picassos in Südfrankreich. 1946 bezog der Maler dort ein Atelier und vermachte 200 Gemälde, Lithografien, Zeichnungen und Keramiken dem Museum. Bestechend ist der Saal, der INSIDER TIPP Nicolas de Staël gewidmet ist. Werke von Alexander Calder, Fernand Léger, Amadeo Modigliani, Max Ernst und Hans Hartung machen das Museum zu einer bedeutenden Kunstadresse an der Côte d'Azur. Auf der Terrasse Skulpturen von Germaine Richier, Arman sowie Anne und Patrick Poirier. *Pl. Mariejol | tgl. 10–12 und 14–18, im Hochsommer Di–So 10–18, Juli/Aug. Mi und Fr bis 20 Uhr | 6 Euro*

ESSEN & TRINKEN

INSIDER TIPP LE SAFRANIER

Provenzalische Spezialitäten wie die *petits farcis* oder Fischgerichte auf der Terrasse im Altstadtviertel Le Safranier. *Mo, Di geschl. | 1, pl. du Safranier | Tel. 04 93 34 80 50 | €–€€*

LES VIEUX MURS

Das klassische Gourmetrestaurant mit seiner Südterrasse mit Meerblick hat mit

CANNES UND UMGEBUNG

dem neuen Chef Stéphane Arnal frischen Schwung bekommen. Günstiger Mittagstisch. *Mo, Di–Mittag geschl. | 25, prom. Amiral de Grasse | Tel. 04 93 34 06 73 | www.lesvieuxmurs.com | €€–€€€*

STRÄNDE & SPORT

Rund um das Cap d'Antibes gibt es schöne Badebuchten, die wichtigsten Strände sind auf dem Gebiet von Juan-les-Pins im Westen der Halbinsel. Das *Institut Thalazur* in Antibes ist eins der größten Zentren für Thalassotherapie an der Côte d'Azur. Im Angebot sind auch Behandlungen mit 🌿 Biokosmetik. *1. Dez.-Hälfte geschl. | 770, chemin des Moyennes Bréguières | Tel. 04 92 91 82 02 | www.thalazur.fr*

AM ABEND

Antibes und Juan-les-Pins haben ein riesiges Angebot an Cafés und Bars, die im Hochsommer bis spät in die Nacht geöffnet sind. Einer der größten Vergnügungstempel an der Côte d'Azur ist *La Siesta (im Sommer tgl. 10–4 Uhr | rte. du Bord de Mer | Richtung Nizza)* mit Kasino, Bar und mehreren Tanzflächen.

ÜBERNACHTEN

LA BASTIDE DU BOSQUET
Gästezimmer in einer Villa aus dem 18. Jh., in der schon Guy de Maupassant seine Ferien verbrachte. Im Norden des Cap d'Antibes. *4 Zi. | 14, Chemin des Sables | Tel. 04 93 67 32 29 | Anf. Nov.–Jan. geschl. | www.lebosquet06.com | €€€*

LA JABOTTE
Nur 60 m vom Salis-Strand des Cap d'Antibes entfernt, ein kleines, hübsch dekoriertes Haus. *10 Zi. | 13, av. Max Maurey | Tel. 04 93 61 45 89 | www.jabotte.com | €€–€€€*

RELAIS DU POSTILLON
Am Rand der Fußgängerzone in der Altstadt kleine, aber saubere Zimmer. *16 Zi. | 8, rue Championnet | Tel. 04 93 34 20 77 | www.relaisdupostillon.com | €–€€*

AUSKUNFT

11, pl. de Gaulle | Tel. 04 92 90 53 00 | www.antibesjuanlespins.com

ZIEL IN DER UMGEBUNG

JUAN-LES-PINS (133 D4) (*O4*)
Das Dorf im Sumpfgebiet am westlichen Ende des Cap d'Antibes wurde im 19. Jh.

MARCO POLO HIGHLIGHTS

★ **Cap d'Antibes**
Luxuspaläste und ein botanischer Garten auf der Halbinsel
→ S. 55

★ **Musée Picasso**
Gemälde, Skulpturen und Keramiken des Künstlers in Antibes
→ S. 56

★ **La Croisette**
Cannes' Antwort auf Nizzas Promenade des Anglais → S. 58

★ **Iles de Lérins**
Liköre und ein Meeresmuseum auf den Inseln vor Cannes
→ S. 60

★ **Vallauris-Golfe-Juan**
Picassos „Mann mit Schaf" und viele Keramiken mehr → S. 62

★ **Grasse**
Schnuppern ohne Ende in der Welthauptstadt des Parfums
→ S. 62

CANNES

von Briten zum Seebad ausgebaut. Vor dem Zweiten Weltkrieg ein Tummelplatz für reiche Amerikaner, die den Jazz nach Europa brachten, ist Juan-les-Pins nach 1945 zum Zentrum des Swing geworden. Der legendäre Jazzmusiker Sydney Bechet gab den Takt vor, nach seinem Tod 1959 wurde das Jazzfestival *Pinède Gould* aus der Taufe gehoben. Die Stadt ist mittlerweile mit Antibes zusammengewachsen. Auskunft: *bd. Guillaumont 51 | Tel. 04 92 90 53 05 | www.antibesjuanlespins.com*

> **WOHIN ZUERST?**
> **La Croisette:** Die Prachtstraße am Mittelmeerufer ist Ausgangspunkt für alle Spaziergänge in Cannes, sei es im Altstadtviertel Le Suquet oder am Festivalgebäude entlang des Meers. Die Tiefgarage *Parc du Palais (1, bd. De la Croisette, max. Höhe 1,80 m!)* ist die beste Anlaufstelle; in der Innenstadt sind Parkplätze Mangelware.

CANNES

KARTE IM HINTEREN UMSCHLAG (132–133 C–D 4–5) (*N4*) Die Römer nannten den Ort Canoïs, also Schilfhafen. Das Fischerdorf in der Bucht mit Sandstränden wurde 1834 von Henry Brougham entdeckt.

Der britische Lord wollte eigentlich mit seiner kranken Tochter Eleonore nach Nizza, verliebte sich aber in den stillen Flecken und kam bis zu seinem Tod 1868 jedes Jahr. Sein Beispiel machte Schule. Heute ist Cannes (68 000 Ew.) mit dem kleinen historischen Zentrum, dem Prachtboulevard La Croisette, den Hotelpalästen und vor allem den internationalen Festspielen neben Nizza das Aushängeschild der Côte d'Azur.

SEHENSWERTES

LA CROISETTE ★

Das Gegenstück zur Promenade des Anglais in Nizza und wie sie bestückt mit Palmen, Palästen, Luxusgeschäften und Sonnenschirmen am Sandstrand in einer weiten Bucht. Am westlichen Ende vor dem Hafen das *Festspielhaus (Palais des Festivals et des Congrès)*, ein 1983 eingeweihtes Betongebäude, in dem nicht nur im Mai die Filmfestspiele, sondern das ganze Jahr über Messen wie die Midem (für Musik) oder Miptv (für Fernsehen) organisiert werden. Gut 200 Filmstars haben ihre Handabdrücke in Betonplatten auf der *Allée des Stars* verewigt, der rote Teppich auf der Treppe zum „Bun-

Die Croisette säumen stets auffällige Luxusautos

CANNES UND UMGEBUNG

ker", wie die Einheimischen von Cannes das Gebäude respektlos nennen, ist das ganze Jahr über ausgelegt. Sehenswert sind die Fassaden der Hotelpaläste *Majestic*, *Carlton* und *Martinez*.

LE SUQUET
Das historische Zentrum von Cannes am Fuß des Mont Chevalier besteht aus nicht einmal zehn Straßen, die von der Rue St-Antoine hinauf zum *Kastell* führen. In diesem ist heute die archäologische Sammlung der Mönche von den Iles de Lérins untergebracht. *Musée de la Castre | Sept.–Mai Di–So 10–13, 14–18, sonst 10–13, 15–19 Uhr | Wechselausstellungen im Sommer | 3,20 Euro*

kundschaft hegt und pflegt. Bezahlt wird bar, ein Telefon gibt es nicht. *So, Mo, Dez. geschl. | 80, rue Meynadier | €*

Allée des Stars: Dafür macht man sich gern die Hände schmutzig

ESSEN & TRINKEN

LE 360°
Das Restaurant auf der Terrasse des *1835 White Palm Hotel (134 Zi. | 1, bd. Jean Hibert | Tel. 04 92 99 73 00 | www.1835-hotel.com | €€€)* am Hafen bietet den schönsten Blick auf Cannes, das Meer und die Lérins-Inseln. Raynald Thivet ist trotz der Luxuslage kein Gipfelstürmer, was die Preise für seine klassisch mediterrane Küche angeht. *Tel. 04 92 99 73 20 | €€€*

INSIDER TIPP ▶ LE BISTROT GOURMAND
Gleich neben der Markthalle von Forville nutzt Guillaume Arragon das frische Angebot der Saison, um gute regionale Küche auf den Tisch zu bringen. *So-Abend, Mo geschl. | 10, rue du Dr. Pierre Gazagnaire | Tel. 04 93 68 72 02 | www.bistrotgourmand.canalblog.com | €–€€*

AUX BONS ENFANTS
Kleines, 1935 gegründetes Restaurant, das zwischen Croisette und Altstadt einfache regionale Gerichte auf altmodischem Geschirr serviert und seine ältere Stamm-

EINKAUFEN

Das Angebot in Cannes erfüllt die Ansprüche der exklusiven Kundschaft. In der *Rue d'Antibes* sind alle große Marken der Mode vertreten. Feinkostgeschäfte *(traiteurs)* wie die Käsehandlung *Céneri & Fils* in der *Rue Meynadier* in der Fußgängerzone machen Appetit. Auf den *Allées de la Liberté* am Hafen ist jeden Morgen Blumenmarkt, samstags und sonntags werden dort die Stände für den Trödel- und Antiquitätenmarkt aufgebaut. Feinschmecker sind in der INSIDER TIPP ▶ *Markthalle des Marché Forville (Di–So)* bestens aufgehoben.

STRÄNDE & SPORT

Cannes schönste Strände liegen direkt an der Croisette, außer den Badeplätzen der großen Hotels gibt es auch öffentlich zugängliche Abschnitte. *Les Thermes Marins*, ein ultramodernes Zentrum für Thalassotherapie, hat auf 2700 m² Fläche im Hotel *1835 White Palm* am alten Hafen mit direktem Zugang zum Meer eröffnet *(47, rue Georges Clémenceau | Tel.*

CANNES

04 92 99 50 10 | www.lesthermesmarins-cannes.com). Für sommerlichen Wassersport in allen Facetten vom Wasserski über Tretboot und Surfen bis zum Gleitschirmfliegen ist der *Majestic Ski Club (bd. de la Croisette, gegenüber vom Hotel Majestic | Tel. 04 92 98 77 47)* zuständig.

AM ABEND

Neben den Spielkasinos im Hotel Carlton, im Festspielhaus und im Palm Beach auf der Pointe de la Croisette gibt es für junge Leute und den Jetset Diskos und Clubs aller Kategorien. Die Palette reicht vom *Jimmy's* im Festivalpalast *(in der Saison tgl. ab 22 Uhr)* bis zum (günstigeren) *Vogue (20, rue du Suquet | Di–So ab 22 Uhr)*.

LOW BUDG€T

▶ Das einfache Hotel *Le Chanteclair* gleich neben dem Markt von Forville hat einen ruhigen Innenhof, in dem das Frühstück serviert wird. Die 15 Zimmer sind klein, aber sauber. *Dez. geschl. | 12, rue Forville | Tel. 04 93 39 68 88 | www.hotelchanteclair.com |* €

▶ Mehr als eine Filiale des Amandier-Restaurants im Feinschmeckermekka Mougins ist das *Le Rendez-vous de Mougins (place du Commandant Lamy | Tel. 04 93 75 87 47 | www.au-rendez-vous-mougins.fr)*, das am zentralen Dorfplatz das *Menu d'Isabelle* für unter 20 Euro serviert.

▶ Seit das Photographie-Museum im alten Stadttor von Mougins *(Porte Sarrazine | Juli–Sept. tgl. 10–20, sonst Mi–Sa 10–12 und 14–18, So 14–18 Uhr)* keinen Eintritt mehr verlangt, schießen die Besucherzahlen nach oben. Es lohnt sich, die Bilder anzuschauen, die etwa David Douglas Duncan von Pablo Picasso geschossen hat.

ÜBERNACHTEN

ALBERT I
Kleines Haus mit Oleanderbüschen auf der Terrasse. Nur 10 Minuten Fußweg von der Croisette. Parkplatz gratis. *11 Zi. | 68, av. de Grasse | Tel. 04 93 39 24 04 | www.albert1er.info |* €

FLORIAN
Ein familiäres Hotel in einer ruhigen Straße nur 100 m von der Croisette entfernt mit einfachen, aber sehr sauber gehaltenen Zimmern, die zum Teil einen Balkon haben, auf dem das Frühstück serviert wird. *20 Zi. | 8, rue Commandant André | Tel. 04 93 39 24 82 | Dez. geschl. | www.hotel-leflorian.com |* €€

MARTINEZ
Ein glanzvoller Hotelpalast in Cannes. Kein Wunder, dass selbst das Gourmetrestaurant den Namen *La Palme d'Or* (€€€) trägt. *409 Zi. | 73, bd. Croisette | Tel. 04 92 98 73 00 | www.martinez-hotel.com |* €€€

AUSKUNFT

Palais des Festivals | La Croisette | Tel. 04 92 99 84 22 | www.cannes.travel

ZIELE IN DER UMGEBUNG

ILES DE LÉRINS ★ (133 D5) (*M N4*)
Weil die Lage auf dem Festland zu unsicher war, gründete der hl. Honoratius 410 ein Kloster auf der Lerinischen Insel

CANNES UND UMGEBUNG

● *St-Honorat* vor Cannes. Das Eiland blieb im 5. und 6. Jh. eine christliche Hochburg, wurde aber schließlich geplündert und zerstört. Seit 1869 leben wieder Zisterziensermönche auf der Insel, die tagsüber für Besucher geöffnet ist (nur ein Lokal, also eigenen Proviant und Trinkwasser mitnehmen). Berühmt sind die von den Mönchen produzierten exzellenten Weine und der Kräuterlikör *(lerina)*. Ein herrlicher Spaziergang (ca. 2 Std.) führt zum Wehrturm an der Südspitze. Überfahrt täglich vom Quai Max Laubeuf in Cannes. *Société Planaria | Tel. 04 92 98 71 38 | 12 Euro | www.abbayedelerins.com*

Größer als St-Honorat ist *Ste-Marguerite* mit einem *botanischen Lehrpfad (Circuit Botanique et Naturaliste)* und dem *Meeresmuseum* mit archäologischer Sammlung und Nautikobjekten *(Musée de la Mer | April–Sept. 10.30–13.15 und 14.15–17.45, Okt., Dez.–März 10.30–13.15 und 14.15–16.45 Uhr | 3,30 Euro)*. Berühmt ist das *Fort Royal*, weil es im 17. Jh. den „Mann mit der eisernen Maske", dessen Identität nie geklärt wurde, als Gefangenen beherbergte. Auf der Insel gibt es einige (relativ teure) Restaurants, keine Übernachtungsmöglichkeit. Überfahrt (15 Min.) täglich vom Hafen in Cannes. *Trans Côte d'Azur | Tel. 04 92 98 71 30 | www.trans-cote-azur.com | 11,50 Euro*

MANDELIEU-LA-NAPOULE
(132 C4–5) (*M–N4*)

Im Westen von Cannes nimmt die *Corniche d'Or* ihren Anfang, die im Jahr 1903 angelegte Küstenstraße nach St-Raphaël, auf ihr erreicht man nach etwa 6 km Napoule, das zu Mandelieu (21 000 Ew.) gehört. Napoule liegt am Fuß des Tanneron-Gebirges, in dem im Februar die Mimosen blühen.

Sehenswert im großen Yachthafen (2000 Plätze für Segelboote) ist das *Schloss* mit schönem Garten, das der amerikanische Bildhauer Henry Clews (1876–1937) im Mittelalterstil wieder aufbaute. In dem

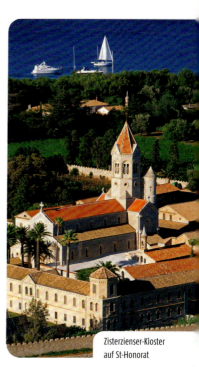

Zisterzienser-Kloster auf St-Honorat

darin untergebrachten *Museum* sind im Sommer Ausstellungen amerikanischer Künstler zu sehen, die von der Clews-Stiftung ein Stipendium bekommen haben. *Château-Musée | Feb.–Juni Mi–Mo 14.30–17.30, Juli/Aug. bis 18.30 Uhr | Eintritt mit Führung 6 Euro | www.chateau-lanapoule.com.* Auskunft: *av. Henry Clews | Tel. 04 93 49 95 31 | www.ot-mandelieu.fr*

MOUGINS (132 C4) (*M N3*)

Wie aus dem Bilderbuch präsentiert sich die Altstadt mit schmucken Häuschen und lauschigen Plätzen. Mougins

GRASSE

(20 000 Ew., 4 km nördlich) war einst größer als Cannes. Heute ist der Ferienort ein Mekka für Feinschmecker. Star der Gastroszene ist mittlerweile Serge Gouloumès im *Mas Candille (46 Zi. | bd. Clément Rebouffel | Tel. 04 92 28 43 43 | Restaurant im Winter So–Di geschl. | www.lemascandille.com | €€€)*, der ebenso wie Denis Fétisson im Restaurant L'Amandier *(place du vieux village | Tel. 04 93 90 91 | www.amandier.fr | €€–€€€)* Kochkurse anbietet. Weitere Restaurants im Dorf stellen sich in die Tradition von Altmeister Roger Vergé, der als Erfinder der mediterranen Küche gilt. Sehr schöne Gästezimmer gibt es im *Mas de Mougins (4 Zi. | av. Général de Gaulle 91 | Tel. 04 93 75 77 46 | www.lemasdemougins.com | €€€)*, das üppige Frühstück wird am Pool serviert.

Mougins beherbergt seit 2011 im *Musée d'Art Classique (tgl. 9.30–20.30, im Winter bis 19 Uhr | 32, rue du Commandeur | www.mouginsmusee.com | 17 Euro)* eine Privatsammlung mit Kunst von römischen Statuen, antiken Waffen, Klassikern wie Peter Paul Rubens bis hin zu Zeitgenossen wie Damien Hirst. In der Nachbarschaft liegt die *Galerie Sintitulo (Di–So 11–13, 14–19 Uhr | 10, rue du Commandeur | www.galeriesintitulo.com)* mit interessantem Programm. Auskunft: *18, bd. Courteline | Tel. 04 93 75 87 67 | www.mougins.fr*

VALLAURIS-GOLFE-JUAN ⭐
(133 D4) (*M N4*)

Wie Kunst zum Wirtschaftsfaktor werden kann, beweist Vallauris (mit Golfe-Juan 26 000 Ew.) in den sanften Hügeln 4 km östlich im Hinterland von Cannes. Pablo Picasso belebte nach 1946 mit seinen Keramikarbeiten das traditionelle, fast verschwundene Töpfergewerbe neu und schuf 1952 in einer unscheinbaren Kapelle mit „La Guerre et la Paix" (Krieg und Frieden) eines seiner Hauptwerke *(Musée National | Mi–Mo 10–12, 14–17, im Hochsommer bis 18 Uhr | www.musee-picasso-vallauris.fr | 3,25 Euro)*. Picassos Beispiel hat Schule gemacht; seine Werke sind außerdem im *Keramikmuseum* zu sehen, das auch die Stiftung des Malers Alberto Magnelli (1888–1971) zeigt *(Musée Magnelli et Musée de la Céramique | im Schloss Vallauris | Mi–Mo 10–12 und 14–17, im Hochsommer bis 18 Uhr | 3,10 Euro)*. Auskunft: *square 8 mai 1945 | Tel. 04 93 63 82 58 | www.vallauris-golfe-juan.com*

GRASSE

(132 C3) (*M M3*) ⭐ **Grasse, das im Mittelalter ein Handelszentrum mit langer Gerbertradition war, ist geprägt von der Parfumindustrie (49 000 Ew.).**

Dass die sich hier so gut entwickelte, lag auch am Gerberhandwerk: Weil die Lederhandschuhe nicht besonders gut rochen, parfümierte man sie. Schließlich besitzt die Gegend um Grasse ein für Blumen und Kräuter besonders günstiges Mikroklima. In den engen Gassen und unter den Arkaden der Altstadt mit zum Teil fünfgeschossigen Häusern ist der italienische Einfluss unverkennbar. Die Stadt war lange mit der Genueser Republik verbunden.

SEHENSWERTES

ALTSTADT

Ocker, Gelb, Rosa und Blau, das sind die dominierenden Farben der Häuser in Grasse. Der Spaziergang durch die Altstadt führt vom Kongresszentrum an der Place du Cours (große Tiefgarage) über die Rue Jean Ossola zur Kathedrale *Notre-Dame-du-Puy*. Das Gotteshaus, eine Mischung aus Mittelalter und Roko-

CANNES UND UMGEBUNG

ko, beherbergt Gemälde von Peter Paul Rubens, ein Triptychon von Louis Bréa und das einzige Bild religiösen Inhalts von Jean-Honoré Fragonard. Über den Bischofspalast geht es hinunter zur schönen *Place aux Herbes* mit ihren bunten Häusern und hinüber zur *Place aux Aires*, einst für die Gerber reserviert, heute der Marktplatz von Grasse (tgl. Blumen- und Gemüsemarkt). Sehenswert ist dort die Fassade des *Hôtel Isnard* aus dem 18. Jh.

MUSÉE D'ART ET D'HISTOIRE DE PROVENCE

Das prächtig ausgestattete Völkerkundemuseum liegt im eleganten Palais der Marquise de Clapiers-Cabris aus dem 18. Jh. *Im Sommer tgl. 10–19, sonst Mi–Mo 11–18 Uhr | 2, rue Mirabeau | www.museesdegrasse.com | Eintritt frei*

MUSÉE INTERNATIONAL DE LA PARFUMERIE

Die Stadtmauer aus dem 14. Jh. ist das Rückgrat des Ende 2008 aufwendig umgebauten, vergrößerten und komplett neu gestalteten Museums der Düfte mitten in der Altstadt. Im ockergelben *Hôtel de Pontèves* aus dem 17. Jh. liegt der Eingang zum Rundgang, der immer wieder durch die Stadtmauer führt und auf 3500 m² in fünf Gebäuden die Herstellungsgeschichte des Parfums mit Exponaten aus dem 50 000 Teile umfassenden Fundus und zeitgenössischer Kunst anschaulich, zum Teil multimedial und interaktiv erzählt. *Im Sommer tgl. 10–19, sonst Mi–Mo 11–18 Uhr | 2, bd. du Jeu de Ballon | www.museesdegrasse.com | 3 Euro*

PARFUMFABRIKEN

Ein halbes Dutzend Parfumhersteller öffnen ihre Pforten für Besucher. Die großen drei, *Fragonard (20, bd. Fragonard | Tel. 04 93 36 44 65 | www.fragonard.com), Galimard (75, rte. de Cannes | Tel. 04 93 09 20 00 | www.galimard.com)* und *Molinard (60, bd. Victor Hugo | Tel. 04 93 30 16 2 | www.*

Außen Mittelalter, innen Rokoko: die Kathedrale in der Altstadt von Grasse

GRASSE

molinard.com) bieten Gratisführungen an, z. T. auch in deutscher Sprache *(Sommer 9–18.30, Winter 9–12.30 und 14–18 Uhr)*. Profis brauchen zwei Jahre, um einen neuen Duft zu kreieren. Im *Studio des Fragrances (5, rte. de Pégomas | Tel. 04 93 09 20 00)* von Galimard kann man in einem zweistündigen, hoch interessanten INSIDER TIPP Workshop ein exklusives Parfum unter fachkundiger Anleitung (auch in deutscher Sprache) mischen und gleich mitnehmen (45 Euro). Die Zusammenstellung wird für eventuelle Nachbestellungen in der Hauskartei gespeichert.

ESSEN & TRINKEN

LA BASTIDE ST-ANTOINE

Betreiber Jacques Chibois hat das Landgut mit Meerblick im Süden von Grasse seit 1996 zu einem Sternegourmettempel ausgebaut. *Tgl. | 48, av. H. Dunant | Tel. 04 93 70 94 94 | www.jacques-chibois.com | €€€ | auch 18 Zi. und Suiten €€€*

INSIDER TIPP LE GAZAN

Dieses kleine Restaurant mit seiner Sommerterrasse in der Nähe der Kathedrale kreiert und serviert phantasievolle Gerichte aus regionalen Produkten. Empfehlenswert ist das *Menu des Parfums* mit einem Aperitif und duftendem Eis als Zwischengang. *Hochsommer So, Feb.–Mitte Dez. Fr–, Sa–Abend und So–Mittag geschl. | 3, rue de Gazan | Tel. 04 93 36 22 88 | €–€€*

EINKAUFEN

Kaufen Sie Parfum! Abgesehen von den drei großen Dufterstellern, *Fragonard*, *Galimard* und *Molinard*, sind auch *Guy*

Schuften, damit andere duften: Zwei Jahre braucht ein Profi, um nur ein Parfum zu kreieren

CANNES UND UMGEBUNG

Bouchara (14, rue M.-Journet) und Fleuron de Grasse (190, rte. de Pégomas) empfehlenswert.

ÜBERNACHTEN

INSIDER TIPP AUBERGE DU VIEUX CHÂTEAU

Hotel auf dem Panoramaplatz neben der Kirche im mittelalterlichen Dorf Cabris (500 Ew.) rund 5 km westlich von Grasse. Traumhafte Sicht auf das Meer und die Stadt. *4 Zi. | pl. Panorama | Tel. 04 93 60 50 12 | aubergeduvieuxchateau.com | €€ | mit hervorragendem Restaurant | Mo, Di geschl. | €€€*

MANDARINA

2006 komplett renoviertes Hotel in einem ehemaligen Nonnenkloster mit herrlichem Blick von der Frühstücksterrasse und einigen Zimmern auf die Stadt und das Meer. *35 Zi. | 39, av. Yves-Emmanuel Baudoin | Tel. 04 93 36 10 29 | €€*

L'OUSTAU DE L'AGACHON

In einem Haus aus dem 17. Jh. hat der Spross einer alten Familie in Cabris ruhige Gästezimmer eingerichtet, die zum Teil einen schönen Blick auf das Esterel-Massiv bieten. *5 Zi. | 14, rue de l'Agachon | Cabris, 8 km im Osten von Grasse an der D 11 | Tel. 04 93 60 52 36 | www.cabris-chambres-hotes.com | €*

AUSKUNFT

Das Verkehrsamt bietet einen kostenlosen Busshuttledienst in der Stadt an. *22, Cours Honoré Cresp | Tel. 04 93 36 66 66 | www.grasse.fr*

ZIELE IN DER UMGEBUNG

GOURDON (132 C2–3) (N2–3)

In atemberaubender Lage thront dieses alte Sarazenendorf (400 Ew.) rund 15 km nordöstlich von Grasse 758 m hoch über dem Fluss Loup auf einem Felsvorsprung. Die Schlossfestung, im 13. und 17. Jh. gebaut, ist neuerdings in Privatbesitz. Zu besichtigen sind inzwischen nur noch die schönen, einst vom großen Landschaftsarchitekten André Le Nôtre angelegten Gärten *(Führung im Sommer um 15 und 17 Uhr | 5 Euro)*. Das Felsendorf bleibt aber ein Kunsthandwerkerzentrum und beherbergt unter anderem die *Boutique La Source Parfumée* der Parfumfabrik Galimard *(rue principale | Tel. 04 93 09 68 23 | www.galimard.com)*, die ihr Rohmaterial in einem 3 ha großen Garten *(3 km vom Dorf in Richtung Bar-sur-Loup | März–Okt. | 3 Euro)* mit 350 verschiedenen Pflanzen selbst zieht. Auskunft: *place Victoria | Tel. 04 93 09 68 25 | www.gourdon06.fr*

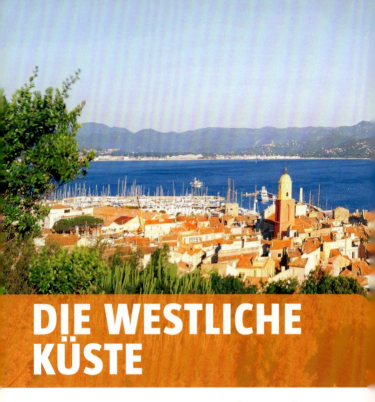

DIE WESTLICHE KÜSTE

Entlang eines schmalen Küstenstreifens, der von Toulon bis nach St-Raphaël reicht, liegen gleich Dutzende von Badeorten wie an einer Perlenschnur aufgereiht. Bis an das blaue Meer reichen hier die Vorgebirgsketten, das Massif des Maures mit seinen Kastanien-, Eichen- und Kiefernwäldern und das Massif de l'Esterel mit seinen leuchtend roten Felsen.

Die westliche Küste der Côte d'Azur hat ihren Aufschwung dem Massentourismus zu verdanken. Mit allen Sonnen- und Schattenseiten: einer sehr guten Infrastruktur an Hotels und Restaurants, aber auch Verkehrsstaus im Sommer und einer Zersiedelung der Landschaft, die längst nicht mehr auf die Küste beschränkt ist.

FRÉJUS/ ST-RAPHAËL

(132 A–B6) (*M L–M5*) **Die beiden Römerstädte zwischen den Gebirgsketten von Esterel und Maures an der Mündung des Argens-Flusses sind heute zusammengewachsen und haben mit knapp 86 000 Einwohnern die Größe von etablierten Seebädern wie Cannes erreicht.**

St-Raphaël stand immer im Schatten von Fréjus (52 000 Ew.), zu Römerzeiten ein wichtiger Hafen und im Mittelalter ein blühender Bischofssitz. Seit dem Zweiten Weltkrieg setzen beide Städte mit einer breiten Palette an Freizeitaktivitäten auf

Bild: Blick auf St-Tropez

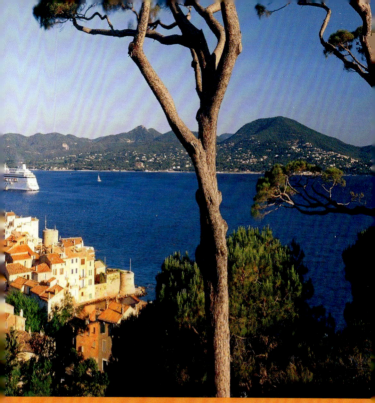

Blaues Meer, rote Felsen, grüne Berge: Trubel und Wasserfreuden an der Küste, erholsame Ruhe im Vorgebirge

den Tourismus. Vor allem im Sommer verlagert sich das Leben von den historischen Zentren an die architektonisch allerdings nicht sehr schönen Strandpromenaden.

SEHENSWERTES

ARÈNES
Die Ruinen der alten Römerstadt liegen übers ganze Stadtgebiet verteilt. Besonders gut erhalten ist das Amphitheater, das im Sommer bei Stierkämpfen *(corrida)* oder Popkonzerten 10 000 Zuschauern Platz bietet. *Di–So 9.30–12.30, 14–18 Uhr, im Winter bis 17 Uhr | 2 Euro*

GROUPE EPISCOPAL ★
Mitten in der kleinen mittelalterlichen Stadt ist das Domviertel von Fréjus ein schönes Beispiel für die provenzalische Frühgotik. Die Fundamente der *Taufkapelle (baptistère)* stammen aus dem 5. Jh. und zählen zu den ältesten Kirchenbauwerken Frankreichs. Die *Kathedrale* mit zwei Kirchenschiffen aus dem 12. Jh., die

FRÉJUS/ST-RAPHAËL

im 13. Jh. durch drei Bögen miteinander verbunden wurden, beherbergt ein Altarbild von Ste-Marguerite von Jacques Durandi. Sehenswert der doppelstöckig gebaute *Kreuzgang (cloître)* mit Garten und Brunnen. Im *Bischofspalast* residiert heute die Stadtverwaltung. *Mitte Mai–schl. | St-Raphaël | 54, rue de la Liberté | Tel. 04 94 83 63 39 | € – €€*

EINKAUFEN

Der große *Markt* mit Lebensmitteln, Kleidern, Antiquitäten und Krimskrams

Nicht nur in Monte-Carlo rollt die Kugel: Grand Casino in St-Raphaël

Mitte Aug. tgl. 9–18.30, sonst Di–So 9–12, 14–17 Uhr | 5 Euro

ESSEN & TRINKEN

LES MICOCOULIERS

Gegenüber vom Domviertel gute provenzalische Küche mit großer Terrasse. *Im Winter Mo geschl., sonst tgl. | 34, pl. Paul-Albert-Février | Fréjus | Tel. 04 94 52 16 52 | €*

LE PATIO

In diesem Restaurant gibt es provenzalische Küche mit frischen Zutaten, die im Sommer auf der Terrasse im ruhigen Innenhof serviert wird. *So abends, Mo ge-*sonntags am Meer entlang auf den *Boulevards d'Alger* und *de la Libération* in Fréjus zieht das ganze Umland an; Mi und Sa gibt es außerdem einen kleinen *Markt* im historischen Zentrum. Saint-Raphaël hält seinen Lebensmittelmarkt Di–So auf den *Plätzen de la République* und *Victor-Hugo* ab, der *Fischmarkt* ist tgl. ab 7.30 Uhr bis mittags im alten Hafen geöffnet.

STRÄNDE & SPORT

Fréjus und Saint-Raphaël haben kilometerlange Strände. In Fréjus' neuem Hafen gibt es ein internationales Tauchzentrum (CIP), das Tauchtaufen und Ausflüge organisiert *(April–Dez. | CIP Port-Fréjus | Aire*

DIE WESTLICHE KÜSTE

de Carénage | Tel. 04 94 52 34 99 | www.cip-frejus.com). Auf einem ehemaligen Militärgelände hat die Stadt Fréjus einen 80 ha großen Park direkt am Meer mit im Sommer überwachtem Strand, Rad- und Wanderwegen, Skate-Park und Kinderspielplätzen angelegt *(Base Nature | bd. de la Mer | im Hochsommer tgl. 8–20, sonst 14–18 Uhr | gratis)*. Im Feriendorf Cap Esterel von Pierre et Vacances öffnet das Wellness-Zentrum *Esterel Forme (Agay | Tel. 04 94 82 52 34 | www.esterel-forme.com)* auch für externe Gäste Bäder, Hamam und Massageräume.

AM ABEND

St-Raphaël besitzt ein Spielkasino, Bars und Liveclubs wie *Coco Club* im Hafen Santa Lucia, Fréjus Diskos wie *La Playa* oder *L'Odyssée (beide bd. de la Libération)*, die im Hochsommer jeden Abend geöffnet sind.

ÜBERNACHTEN

Die besten Häuser liegen außerhalb der Zentren vor allem im schicken Stadtteil *Valescure* von St-Raphaël.

L'ARÉNA
In Nachbarschaft der Arenen ein angenehmes Haus mit schönem Garten und Pool. Die Zimmer sind in provenzalischen Farben gehalten und charmant dekoriert. Das Restaurant ist eins der besten der Stadt. *39 Zi. | Nov. geschl. | 145, rue Général de Gaulle | Fréjus | Tel. 04 94 17 09 04 | www.hotel-frejus-arena.com | €€ – €€€*

L'OASIS
Einfaches Hotel im Haus aus den 1950er-Jahren am Ende einer Sackgasse. Nur 150 m vom Strand. Parkplatz. *27 Zi. | impasse Jean-Baptiste Charcot | Fréjus | Tel. 04 94 51 50 44 | www.hotel-oasis.net | €*

SOL E MAR
Direkt am Wasser mit Meerwasserpool und tollem Blick aus fast allen 50 Zimmern. *Nov.–März geschl. | Le Dramont | Agay | Tel. 04 94 95 25 60 | www.monalisahotels.com/solemar/en/ €€ – €€€*

AUSKUNFT

325, rue Jean Jaurès | Fréjus | Tel. 04 94 51 83 83 | www.ville-frejus.fr

MARCO POLO HIGHLIGHTS

★ **Groupe Episcopal**
Provenzalische Frühgotik in Fréjus → S. 67

★ **Massif de l'Esterel**
Ein Farbenspiel: roter Fels, blaues Meer und grüne Kiefern → S. 70

★ **Iles d'Or**
Inseln, die ihren Namen zu Recht tragen → S. 73

★ **Corniche des Maures**
Buchten, Strände und Berge → S. 76

★ **St-Tropez**
Wo sich der Jetset trifft → S. 76

★ **Musée de l'Annonciade**
Pointillismus in einer alten Kapelle von St-Tropez → S. 77

★ **Port-Grimaud**
Mustergültige Feriensiedlung mit künstlichen Kanälen und Bootsparkplätzen → S. 78

★ **Ramatuelle**
Festungsdorf mit Traumstränden → S. 78

HYÈRES-LES-PALMIERS

Mit dem Pass *Fréjus Intégral* zu 6,60 Euro haben sie freien Eintritt zu 9 historischen Stätten.
Rue Waldeck-Rousseau | St-Raphaël | Tel. 04 94 19 52 52 | www.saint-raphael.com

östlich von Fréjus) ist wunderschön. Tiefe Schluchten durchziehen das Gebirge mit dem 618 m hohen *Mont Vinaigre* bis ans Meer, wo die Wellen an Klippen aus Vulkangestein brechen. ☼ Die herrli-

Von der Corniche d'Or bieten sich immer wieder fantastische Ausblicke in Blau-Rot-Grün

ZIELE IN DER UMGEBUNG

CAP DU DRAMONT (132 B6) (*M5*)
An der Felsnase 4 km östlich beginnt die *Corniche d'Or* von St-Raphaël nach Cannes. Sehr schön ist eine Wanderung auf dem Küstenwanderpfad vom Wassersportzentrum am Strand von Dramont mit dem Denkmal zur Erinnerung an die Landung der amerikanischen Truppen 1944 zum ☼ Leuchtturm und zur kreisrunden Bucht Camp Long *(2 Std. hin und zurück)*.

MASSIF DE L'ESTEREL ★
(132 B–C 5–6) (*M4–5*)
Roter Porphyr, grüne Kiefern, türkisfarbenes Meer und blauer Himmel – die Gegend um das Massif de l'Esterel (nord-

chen Wanderwege zum *Pic du Cap Roux* (452 m) oder dem *Pic de l'Ours* (496 m) sind v. a. im Frühling und Herbst zu empfehlen, wenn die Macchia blüht. Auskunft: *Office du Tourisme in St-Raphaël*

HYÈRES-LES-PALMIERS

(134 B5) (*H7–8*) **Palmen, Palmen, überall Palmen. Hyères (56 000 Ew.), der südlichste und älteste Badeort an der Côte d'Azur, hat die Bäume sogar in den Namen aufgenommen.**

Das antike Olbia, von den Griechen am Meer gegründet, zog im Mittelalter auf

DIE WESTLICHE KÜSTE

einen Hügel landeinwärts. Engländer, Iren und Amerikaner entdeckten die Stadt als Ferienort im 19. Jh., die kilometerlangen Strände wurden erst im 20. Jh. angelegt. Die hübsche Altstadt mit Renaissancetoren und Templerordensturm *(Tour St-Blaise)* aus dem 13. Jh. ist durch den Flughafen vom Strandbad Hyères-Plage getrennt.

SEHENSWERTES

JARDIN OLBIUS-RIQUIER
Palmen und Kakteen, Gewächshäuser, ein Freigehege für Tiere und ein See. *Im Sommer tgl. 7.30–20, im Winter bis 17 Uhr | av. A. Thomas | Eintritt frei*

INSIDER TIPP ▶ VILLA NOAILLES
Die Villa Noailles, das Haus der Kunstliebhaber Marie-Laure und Charles de Noailles, ist seit den 1920er-Jahren ein Symbol für moderne Architektur an der Küste. Man Ray drehte hier seinen ersten Film, Alberto Giacometti, Luis Buñuel und Jean Cocteau waren Gäste. Im Sommer Wechselausstellungen *(im Hochsommer Mi–So 10–12, 16–19, sonst Mi–So 10–12, 14–17 Uhr | montée de Noailles | www.villanoailles-hyeres.com)*. Von der Villa führt ein Fußweg auf einen Hügel zu den ☀ Ruinen des *Schlosses*. Von dort toller Panoramablick auf Stadt und Meer.

ESSEN & TRINKEN

LE BISTROT DE MARIUS
Provenzalische Küche auf einem hübschen Platz in der Altstadt. Üppige Portionen. *Außerhalb der frz. Schulferien Mo/Di geschl. | 1, pl. Massillon | Tel. 04 94 35 88 38 | €–€€*

LA COLOMBE
Mediterrane Küche, im Sommer mit schöner Terrasse im Innenhof, 2,5 km westlich. *Juli/Aug. Mo, Di-Mittag, Sa-Mittag geschl., sonst Sa-Mittag, So-Abend und Mo geschl. | rte. de Toulon | Tel. 04 94 35 35 16 | www.restaurantlacolombe.com | €€*

INSIDER TIPP ▶ LE P'TIT CLOS
Ganz kleines Restaurant mit 20 Sitzplätzen und sorgfältig zubereiteten Spezialitäten der Region. Der Wein wird auch im Glas ausgeschenkt. *Mi., Sa-Mittag, So-Abend geschl. | 27, av. Riondet | Tel. 04 94 35 75 29 | €–€€*

DER TRAUM VOM PARADIES

„Als ich verstanden hatte, dass ich dieses Licht jeden Morgen wieder sehen würde, konnte ich mein Glück nicht fassen", sagte Henri Matisse 1917, nachdem er sich entschieden hatte, an der Côte d'Azur zu bleiben. Sein 1904 in St-Tropez gemaltes Bild „Luxe, calme et volupté" (Pracht, Ruhe und Sinnenlust) steht symbolisch für ein Paradies auf Erden, das zu einem Weltzentrum der modernen Kunst wurde. 25 Jahre vor ihm waren schon die großen Künstler des Impressionismus wie Pierre-Auguste Renoir, Alfred Sisley, Georges Seurat und Paul Signac der internationalen Schickeria in den neuen Garten Eden gefolgt. Sie waren die Vorgänger der Malergenerationen, die mit Pablo Picasso, Nicolas De Staël, Marc Chagall und Fernand Léger nach dem Zweiten Weltkrieg der Kunst des 20. Jhs. entscheidende Richtungen gegeben haben.

HYÈRES-LES-PALMIERS

AM ABEND

Außer dem Spielkasino in der Altstadt gibt es einige Diskos wie *Le Pink (Mo–Mi geschl. | 85, av. de l'Arrogante, am Strand von La Capte)* oder *Le Sound (Mi, Fr–So ab Mitternacht | 494, rue Nicéphore Niepce, am Flughafen)*.

ÜBERNACHTEN

BOR
Modern eingerichtetes Hotel am Meer mit eigenem Strand 4 km im Süden der Stadt, nur ein paar Schritte vom Port St-Pierre entfernt. *20 Zi. | 3, allée Emile Gérard | Tel. 04 94 58 02 73 | www.hotel-bor.com | Dez.–März geschl. | €€€*

DOMAINE LES FOUQUES
Das Weingut mit Geflügelzucht hat sich seit Jahren dem biologischen Wirtschaften verschrieben und richtete auf seinem Gelände mit Blick auf Meer und Porquerolles-Insel in einem Nebengebäude drei Ferienwohnungen mit Terrasse und Schwimmbad ein, die wochenweise *(für 4 Pers. | Juli/Aug. 620 Euro, Juni, Sept. 450 Euro, Nebensaison 360 Euro)* vermietet werden. Der Bauernhof verkauft eigene Bioprodukte. *20 Zi. | 1405, route des Borrels | Tel. 04 94 65 68 19 | fouques-bio.com*

DU SOLEIL
Die Fassade des alten provenzalischen Hauses in einer kleinen Gasse der Altstadt ist malerisch mit Efeu überwuchert. Kleine, aber nett dekorierte und saubere Zimmer an der Stadtmauer am Fuß des Schlossbergs, sehr gutes Frühstück. *20 Zi. | rue du Rempart | Tel. 04 94 65 16 26 | www.hoteldusoleil.com | €€*

LOW BUDGET

▶ Der *pass bateau-bus-téléphérique* kostet im *Office de Tourisme* in Toulon 6 Euro. Inbegriffen sind die Fahrt mit dem Boot quer durch die Bucht auf die Halbinsel von St-Mandrier, alle Buslinien in der Stadt sowie die Seilbahn hoch auf den Mont Faron.

▶ ● Der Zugang zum Meer ist selbst auf der Halbinsel von St-Tropez und Ramatuelle frei für Fußgänger. Im Sommer kostet es überall Gebühren, das Auto abzustellen. Eine Ausnahme ist der Strand von *Escalet*, auch eine Station auf dem Küstenwanderweg *(sentier littoral, → S. 98)*, der selbst in der Hochsaison zu menschenleeren Stränden führt.

AUSKUNFT

3 | av. A. Thomas | Tel. 04 94 01 84 50 | www.hyeres-tourisme.com oder (mit den Nachbarorten Le Pradet, Carqueiranne und Pierrefeu) *Quartier St-Martin | Tel. 04 94 38 50 91 | www.provence-azur.com*

ZIELE IN DER UMGEBUNG

GIENS (134 B6) (*H8*)
Zwei 4 km lange, schmale Sandstreifen *(tombolo)* verbinden die ehemalige Insel Giens mit dem Festland. Die Lagune dazwischen war bis 1996 ein Salzgarten, heute ist das Areal geschützter Lebensraum vor allem für Vögel. Das Küstenschutzamt kämpft für den Erhalt des empfindlichen ökologischen Gleichgewichts, das von der Erosion des westlichen Sandstreifens bedroht ist. Auf der Halbinsel liegt das Dorf Giens mit dem kleinen Hafen Port de Niel. Von der Burgruine haben Sie eine schöne

DIE WESTLICHE KÜSTE

Aussicht auf Inseln und Festland. Einer der **INSIDER TIPP** **schönsten Abschnitte des Küstenwanderwegs** im Département Var führt vom kleinen Hafen La Madrague im Westen der Halbinsel zur Plage de l'Arbousière. Die 6,5 km bewältigen geübte Wanderer in gut 2 Std.

ILES D'OR ★
(134–135 B–E6) (*H–K8*)

Die Hyerischen oder „Goldinseln" tragen ihren Namen mit Stolz – und sind im Hochsommer wegen vieler Touristen ein Opfer ihrer Schönheit. *Porquerolles, Port-Cros* und *Levant* gehören geologisch zum Massif des Maures und wurden bereits in der Antike besiedelt, zuerst von Ligurern, dann von Griechen und Römern.

Porquerolles ist Naturschutzgebiet mit Botanikzentrum, Park und Weinbergen. Die Insel (7 km lang, 3 km breit) lässt sich gut zu Fuß (v. a. der 1,5 Std. lange Spaziergang vom Hafen zum Leuchtturm im Süden lohnt) oder mit dem Rad erobern (Radverleih im Dorf Porquerolles). Unterkunft finden Sie im Mas du Langoustier *(50 Zi. | Okt.–Mitte April geschl. | 3,5 km westl. vom Hafen | Tel. 04 94 58 30 09 | www.langoustier.com | €€€)* im großen Park mit zwei Restaurants.

Einer der ersten Nationalparks in Frankreich war 1963 die kaum besiedelte Insel *Port-Cros* mit 600 m breitem Küstengewässerstreifen. Der Schutz hat die Schönheit der 4 km langen und 2,5 km breiten Insel bewahrt. Schöne Wanderwege ins Tal der Einsamkeit *(Vallon de la Solitude)*, ein Pflanzenlehrpfad *(Sentier Botanique)* und der erste Unterwasserweg für Schnorchler *(Sentier Sous-Marin)* an der Plage de la Palud.

Schiffsverbindungen nach Porquerolles (20 Min.) werden von *La Tour Fondue* auf der Halbinsel Giens angeboten *(Gare Maritime | La Tour Fondue | Tel. 04 94 58 21 81 | www.tlv-tvm.com | 17 Euro)*, nach Port-Cros vom Hafen von Hyères *(Port d'Hyères | Tel. 04 94 57 44 07 | www.tlv-tvm.com | 25 Euro)*. Auskunft: *Bureau d'Information de Por-*

Ideal für Surfer und Kitesurfer: Halbinsel Giens

querolles | Tel. 04 94 58 33 76 | www.porquerolles.com; Bureau d'Informations du Parc | Tel. 04 94 01 40 72 | www.portcrosparcnational.fr/accueil

MASSIF DES MAURES

(134–135 B–E 2–5) (*H–K 5–7*) **Das Massif des Maures ist eine der ältesten Gebirgsformationen der Provence und**

MASSIF DES MAURES

besitzt selbst heute noch ein Stück wilder Natur, das leider immer wieder von Waldbränden bedroht wird.

Es liegt mit seinen vier Höhenzügen zwischen Hyères und Fréjus und ist geprägt von Eichen-, Kastanien- und Korkeichenwäldern. Auf dem höchsten Gipfel (Col de Fourche, 780 m) wird von Franziskanermönchen die ✼ Einsiedelei Notre-Dame-des-Anges betreut. Von hier blickt man weit über die Berge und das Meer. Der Name des Gebirgszugs hat übrigens nichts mit den Mauren zu tun, sondern bedeutet in provenzalischer Sprache „düsterer Wald".

ORTE IM MASSIF DES MAURES

BORMES-LES-MIMOSAS
(135 D5) (ØJ J7)

Die im Februar gelb blühenden Mimosen haben dem Dorf (7100 Ew.) 1968

Blühende Mimosen im Februar

seinen Beinamen gegeben. Der Ort hoch auf der ersten Kette des Massif des Maures ist mit seinen steilen Gassen, unzähligen Blumenbeeten und einer verschwenderischen Vegetation mit Eukalyptus, Oleander und Zypressen eine Augenweide. Zur Gemeinde gehören aber auch 17 km Strände rund um das knapp 10 km entfernte *Fort Brégançon*, seit 1968 offizielle Residenz der französischen Staatspräsidenten, und die *Plage de l'Estagnol (Ostern–Okt. 8 Euro Parkgebühr)* mit weißem Sand am Kiefernwäldchen. Zum Gourmetrestaurant hat sich *La Terrasse* unter Küchenchef Hervé Vinrich gemausert *(So-/Di-abends, Mo ganz geschl. | 19, place Gambetta | Tel. 04 94 64 47 56 | www.restaurant-laterrasse-bormes.fr | €€)*, eine sichere Bank bleibt *Lou Portaou* im Mittelalter-Ambiente mit einer Terrasse unter Steingewölbe *(im Sommer nur abends geöffnet, Mo ganz, Di-abends geschl. | 1, Cubert des Poètes | Tel. 04 94 64 86 37 | €€)*. Im ✼ alten Dorf mit Weitblick aufs Meer ist das *Hôtel Bellevue* gründlich renoviert worden *(17 Zi. | 12, place Gambetta | Tel. 04 94 71 15 15 | www.bellevuebormes.fr.st | € | mit Restaurant | €)*. Auskunft: *1, place Gambetta | Tel. 04 94 01 38 38 | www.bormeslesmimosas.com*

INSIDER TIPP ▶ COLLOBRIÈRES
(134 C4) (ØJ J6)

Das alte Zentrum (1700 Ew.) der Korkverarbeitung inmitten herrlicher Kastanien- und Korkeichenwälder hat einen mittelalterlichen Dorfkern mit den Ruinen einer Kirche aus dem 12. Jh. Die *marrons glacés*, Kastanienkonfekt, sind eine Spezialität von Collobrières, zu erhalten etwa in der *Confiserie Azuréenne (bd. Koenig)*. Das einfache Familienhotel *Hôtel-Restaurant des Maures* bietet gute provenzalische Hausmacherkost *(10 Zi. | 19, bd.*

DIE WESTLICHE KÜSTE

Lazare-Carnot | Tel. 04 94 48 07 10 | €). Auch im hubschen Lokal INSIDER TIPP La Petite Fontaine kocht man typische Gerichte der Region. Unbedingt reservieren (So-Abend, Mo geschl. | 1, pl. de la République | Tel. 04 94 48 00 12 | €–€€). Auskunft: bd. Charles Carinat | Tel. 04 94 48 08 00 | www.collobrierestourisme.com

LA GARDE-FREINET (135 E3) (*K6*)
Der einstige Schlupfwinkel der Sarazenen ist heute ein hübscher Ferienort (1800 Ew.), umgeben von Korkeichen- und Kastanienwäldern, die teilweise von den großen Bränden 2003 schwer geschädigt wurden. Idealer Ausgangspunkt für Ausflüge im Massif des Maures. Schöner Blick auf das Dorf von den Ruinen der alten Burg (45 Min. zu Fuß) und dem Maurenkreuz. La Garde-Freinet ist das Tor zur Nordflanke des Massif des Maures. Auf dem Weg durch Korkeichenwälder zum Schildkrötendorf Gonfaron (S. 107) liegt in 14 km Entfernung im Westen das INSIDER TIPP Weingut Domaine de la Fouquette mit Bauernhof in idyllischer Ruhe (4 Zi. | April–Okt. geöffnet | route de Gonfaron | Tel. 04 94 73 08 45 | domainedelafouquette.com | € | mit Abendessen nach Reservierung, bei dem fast ausschließlich Produkte des Hofes und eigener Wein serviert werden, €€). Auskunft: 1, pl. Neuve | Tel. 04 94 43 67 41 | www.lagardefreinet-tourisme.com

GRIMAUD (135 E3) (*K6*)
Unterhalb der Ruine des Schlosses der Grimaldi-Fürsten (11. Jh.) mit herrlichem Ausblick können Sie eins der schönsten Dörfer im Mauren-Massiv mit schattigen Plätzen und engen Gässchen kennenlernen. Die alte Seidenspinnerei ist zum Feinschmeckertempel geworden. Jacques Minard und Jean-Claude Paillard bringen im *Côteau Fleuri* Köstliches auf den Teller (Mo-/Fr-Mittag, Di ganz geschl. | place des Pénitents | Tel. 04 94 43 20 17 | www.coteaufleuri.fr | €€€ | auch 14 Zi., €€). Auskunft: 1, bd. des Aliziers | Tel. 04 94 43 26 98 | www.grimaud-provence.com

Markt in Collobrières

LE LAVANDOU (135 D5) (*J7*)
Der Aufstieg des Ortes zum Touristenzentrum ist bezeichnend für die Entwicklung der Region. Als vor fast 100 Jahren der deutsche Schriftsteller Walter Hasenclever nach Le Lavandou kam, war er dort noch der einzige Fremde. Heute hat der Ort (5800 Ew.) 100 000 Urlaubsgäste, mehr als drei Dutzend Hotels, viele Campingplätze und ist begehrt wegen seiner *Strände Aiguebelle, Cap Nègre, Pramousquier, Layet* und *Rossignol*. Im Winter wird der frühere Fischerhafen von Bormes-les-Mimosas wieder zur Geister-

ST-TROPEZ

stadt. Auskunft: *quai Gabriel Péri | Tel. 04 94 00 40 50 | www.lelavandou.eu*

FREIZEIT & SPORT

Im Mauren-Massiv gibt es eine Fülle von Wanderwegen wie den GR 90 von Collobrières zu der von Ordensschwestern bewohnten INSIDER TIPP *Kartause La Verne (Mi–Mo 11–18, im Winter 11–17 Uhr | 6 Euro)*, deren Gebäude zum großen Teil aus dem 17. und 18. Jh. stammen. Auch für Radfahrer sind Strecken ausgeschildert.

ZIEL IN DER UMGEBUNG

CORNICHE DES MAURES ★
(135 D–E 4–5) (*J–K7*)

Von Le Lavandou führt die D 559 mit schönen Ausblicken immer am Meer entlang östlich nach *Cavalière* und zum vorm Mistral geschützten Sandstrand zwischen der *Pointe du Layet* und dem *Cap Nègre*. Ca. 6 km weiter ist in der von einem Pariser Bankier 1910 angelegten INSIDER TIPP *Domaine du Rayol* ein botanischer Lehrpfad durch Gärten mit Bäumen, Büschen und Kakteen aus der ganzen Welt ausgewiesen. Clou ist im Sommer ein Unterwasserlehrpfad *(Sentier Sous-Marin)* in der Bucht von Le Rayol *(im Sommer Di–So 9.30–12.30 u. 14.30–18.30, im Winter Di–So 9.30–12.30 u. 14–17.30 Uhr | www.domainedurayol.org | 8 Euro)*. Über den Ferienort Cavalaire-sur-Mer führt die Straße bis nach *La Croix-Valmer* mit seinem Strand *Gigaro*.

ST-TROPEZ

(135 F3) (*L6*) ★ Dieser kleine Ort (5600 Ew.) steht wie ein Symbol für die ganze Côte d'Azur. Da sind die traumhafte Lage in der geschützten Bucht, der Hafen und die Altstadt in harmonischer Architektur, ein wunderschönes Hinterland und Sandstrände in Hülle und Fülle.

Kein Wunder, dass das Ende des 19. Jhs. noch verschlafene Dörfchen von Schriftstellern wie Guy de Maupassant und Malern wie Paul Signac entdeckt wurde. Das kleine St-Tropez, das vom 15.–17. Jh. gar eine eigenständige Republik war, wurde im Gefolge der Pariser Schickeria und v. a. nach Roger Vadims in der Bucht von La Ponche gedrehtem Film „Und ewig lockt das Weib" mit Brigitte Bardot zum Treffpunkt des internationalen Jetsets an der Riviera.

Heute haben sich die Stars längst aus den Cafés und von den Stränden verabschiedet und treffen sich höchstens noch in exklusiven Clubs. Was im Sommer bleibt, sind Tag für Tag etwa 80 000 Touristen, große Motoryachten im Hafen, gepfefferte Preise und Trubel in den Diskos. Doch sind die Ferien vorbei, erwacht St-Tropez zu alter Schönheit. Dann spielen die Einheimischen wieder in aller Ruhe ● Pétanque auf der Place des Lices.

DIE WESTLICHE KÜSTE

SEHENSWERTES

ALTSTADT
Reizvoll ist der Spaziergang durch die Altstadt, zur Kirche mit ihrem Turm in kräftigen Ockerfarben, zum Marktplatz *(Place aux Herbes)* und anschließend hinauf zur Zitadelle, von wo aus man einen schönen Blick auf das Städtchen und den Golf von St-Tropez hat.

HAFEN
Der Herz von St-Tropez schlägt am Meer, auch wenn im Sommer vor lauter großen Yachten das Wasser kaum mehr zu sehen ist. Der Hafen ist selbst außerhalb der Hochsaison Treffpunkt für das internationale Publikum, das sich auf dem roten Gestühl des ● *Sénéquier* niederlässt, eines der berühmtesten Cafés der Welt.

MUSÉE DE L'ANNONCIADE ★
Eines der schönsten Kunstmuseen Frankreichs, in einer früheren Kapelle direkt am Hafen. Zu sehen sind Meisterwerke von Paul Signac und Georges Seurat, aber auch Arbeiten von Henri Matisse, Kees van Dongen, Albert Marquet und Henri Manguin. *Hochsommer tgl. 10–12 und 15–22, sonst Mi–Mo 10–12 und 14–18 Uhr | place Grammont | 6 Euro*

ESSEN & TRINKEN

VILLA BELROSE
Das Spitzenrestaurant, in dem Küchenchef Thierry Thiercelin seit 1998 arbeitet, liegt auf einem Hügel von Gassin mit atemberaubender Sicht auf den Golf von Saint-Tropez. *Ende Okt.–März geschl. | bd. des Crêtes Gassin | Tel. 04 94 55 97 97 | www.villabelrose.com | €€€ | auch 40 Zi. | €€€*

LE GIRELIER
Am Hafen erlebt die alte Fischerhütte mit Spezialitäten aus dem Meer ihren zweiten Frühling. *Nov.–Mitte März geschl. | quai Jean Jaurès | Tel. 04 94 97 03 87 | www.legirelier.fr | €€ – €€€*

Wenn die Dämmerung alles weich zeichnet: Märchenhafte Abendstimmung im Hafen von St-Tropez

ST-TROPEZ

LA TABLE DU MARCHÉ
Christophe Leroy, eine schillernde Figur im Jetset von St-Tropez, ist mit seinem Bistrot, den kleinen Häppchen, ganzen Mahlzeiten und asiatischen Spezialitäten in die Gassen zwischen Hafen und Kirche umgezogen. *21 bis, rue Allard | Tel. 04 94 97 91 91 | www.christophe-leroy.com | €–€€*

EINKAUFEN

In den Geschäften sind alle Luxusmarken dieser Welt vertreten. Seit 1927 gibt es in der Rue Clémenceau die *sandales tropéziennes* – ein Paar kostet rund 85 Euro. Eine süße Spezialität ist die *tarte tropézienne* mit kalorienreicher Creme, die Sie im gleichnamigen Geschäft erstehen können *(pl. des Lices)*.

STRÄNDE & SPORT

Die legendären Sandstrände wie Pampelonne mit den berühmten Bars sind auf dem Gebiet von Ramatuelle zu finden.

AM ABEND

Im Vergleich zur Einwohnerzahl gibt es nirgendwo sonst in Frankreich so viele Diskos und Clubs. Ein Treffpunkt für Jetset, Stars und Models sind *Les Caves du Roy* (Eingang av. Maréchal Foch) im Hotelkomplex Le Byblos.

ÜBERNACHTEN

LOU CAGNARD
Nur ein paar Schritte vom Hafen und von der Place des Lices entfernt liegt dieses provenzalische Haus mit kleinem Garten und einem hundertjährigen Feigenbaum. Im Hochsommer ist die Mindestzeit für einen Aufenthalt eine Woche. *19 Zi. | Nov., Dez. geschl. | av. Paul Roussel | Tel. 04 94 97 04 24 | www.hotel-lou-cagnard.com | €€*

LA PONCHE
Das Luxushotel mit viel Charme liegt im Fischerviertel mit Blick auf die Bucht. Gutes, relativ preiswertes Restaurant *(€€)*. *18 Zi. | Nov.–Mitte Febr. geschl. | port des Pêcheurs | Tel. 04 94 97 02 53 | www.laponche.com | €€€*

AUSKUNFT

Quai Jean Jaurès | Tel. 04 94 97 45 21 | www.saint-tropez.st oder *Carrefour de la Foux | Gassin | Tel. 04 94 55 22 00 | www.golfe-saint-tropez-information.com*

ZIELE IN DER UMGEBUNG

PORT-GRIMAUD ★
(135 E3) (*K6*)
Ein Feriendorf aus der Retorte mit Kanälen, Brücken und bunten Häusern. François Spoerry verwirklichte 1966 in einem Sumpfgebiet im Zentrum der Bucht von St-Tropez (ca. 6 km entfernt) ein damals heiß diskutiertes Konzept für umweltverträglichen Tourismus. Ein seltenes Beispiel dafür, wie sich Neubauten nicht unbedingt störend in die Landschaft einfügen. Und wo gibt es sonst noch kleine Häfen mit Kanälen, in denen die Bewohner ihr Boot direkt vor der Haustür parken können? Die Patina der Jahre tut dem Ort gut. Besucher müssen ihr Auto auf einem Parkplatz im Norden der Siedlung abstellen.

RAMATUELLE ★ (135 F4) (*L7*)
Mit seinen Häusern, die sich um einen Hügel winden, ist Ramatuelle (2300 Ew., 7 km entfernt) mitten auf der Halbinsel ein typisches provenzalisches Festungsdorf. Als Erinnerung an den Schauspie-

DIE WESTLICHE KÜSTE

Ramatuelle – ein typisch provenzalisches Festungsdorf

ler Gérard Philipe (1922–59) wird jeden Sommer ein *Theaterfestival* organisiert. Zu Ramatuelle gehören die legendären *Strände* der Halbinsel wie die *Plage de Pampelonne* mit dem Urvater aller Strandclubs, dem in den 1950er-Jahren gegründeten *Club 55 (bd. Patch)*, dem *Key West Beach (bd. Patch)*, dem *Nikki Beach (route de l'Epi)* oder dem *Voile Rouge (chemin des Moulins)*. Nur am Strand von L'Escalet im Westen gibt es im Sommer Gratisparkplätze am Meer.

Eine ruhige Alternative zu den Hotels im quirligen St-Tropez ist das inmitten von Weinbergen gelegene Gästehaus *Leï Souco (10 Zi. | rte. des Plages | D 63 | Tel. 04 94 79 80 22 | April–Anf. Sept. | www.leisouco.com | €€–€€€)*. Schon 1969 eröffnet, gilt es als Vorreiter für die *chambres d'hôtes*, die privaten Gästezimmer.

Auf einem Hügel zwischen Ramatuelle und dem hübschen, aber ebenfalls sehr vom Tourismus geprägten Dorf *Gassin* bietet die *Aussichtsplattform* oberhalb der Mühlen *Les Moulins de Paillas* – eine Mühle ist renoviert, die andere eine Ruine – einen beeindruckenden Blick auf Meer, Halbinsel und Massif des Maures. Auskunft: *pl. de l'Ormeau | Tel. 04 94 12 64 00 | www.ramatuelle-tourisme.com*

STE-MAXIME (135 F3) (L6)

Die alte Fischersiedlung liegt St-Tropez gegenüber auf der anderen Seite des Golfs. Sie hat sich zu einem hübschen, das ganze Jahr über lebendigen Badeort (14 000 Ew.) entwickelt, der eine Alternative zum permanent überlaufenen und teuren Jetset-Treffpunkt ist. Wer den Dauerstau der Uferstraße nach St-Tropez vermeiden will, **INSIDER TIPP setzt mit dem Schiff über** *(Transports Maritimes MMG | April–Okt. | hin und zurück 12,50 Euro | www.bateauxverts.com)*. Auskunft: *av. Charles de Gaulle | Tel. 04 94 96 19 24 | www.sainte-maxime.com*

TOULON

TOULON

(134 A5) (*F–G7*) **Der wichtigste Militärhafen Frankreichs in einer der schönsten und größten Buchten der Küste kommt in ruhigeres Fahrwasser.**
Die Hauptstadt des Départements Var (170 000 Ew.), im Zweiten Weltkrieg zur Hälfte zerstört und hastig wieder aufgebaut, schlitterte jahrzehntelang von einem kommunalpolitischen Skandal in den anderen. Seit 2002 wird das alte Zentrum saniert. Die z. T. künstlich angelegten INSIDERTIPP Strände von Mourillon im Osten mit Grünanlagen, Sport- und Spielplätzen, Bars und Restaurants locken nicht nur Einheimische.

> **CITY WOHIN ZUERST?**
> **Hafen:** Die Hafenpromenade zeigt die Schokoladenseite der Stadt an der schönen Mittelmeer-Bucht. Auf der anderen Straßenseite liegt die hübsche Altstadt mit ihren Gassen und Plätzen. Das Parkhaus am Stadion und Einkaufszentrum *Mayol (bd. Dutasta, 1,90 m max. Höhe!)* ist zu Fuß von Hafen und Altstadt aus leicht zu erreichen; der relativ kleine Parkplatz *Le Port* unter freiem Himmel liegt direkt am Meer.

SEHENSWERTES

ALTSTADT UND HAFEN
Die Strandpromenade am Quai Cronstadt mit ihren Restaurants und Cafés erstrahlt in neuem Glanz. Große Teile der Altstadt nördlich des Hafens sind heute Fußgängerzonen mit lauschigen Plätzen wie die *Place Raimu* mit ihren Kartenspielern aus Bronze, die *Place Victor Hugo* mit dem Theater aus dem 19. Jh., die *Place Ledeau* im Zentrum oder der *Cours Lafayette* mit provenzalischem Markt *(Di–So-Morgen)*.

MONT FARON
584 m über dem Meer liegt die ☆ Spitze des Kalkfelsens mit einem grandiosen Blick über die gesamte Bucht. Eine INSIDERTIPP *Seilbahn* führt vom Boulevard Amiral Vence *(Bus Nr. 40)* auf den Berg *(Mo und bei starkem Wind geschl. | 6,60 Euro)*, auf dem ein Museum die Geschichte der Alliierten-Landung im August 1944 nachzeichnet *(Di–So 10–12 und 14–17.30 Uhr | 3,80 Euro)* und auf dem ein Zoo für die Aufzucht von Raubtieren angelegt ist *(tgl. 10–18.30, im Winter bis 17.30 Uhr | 9 Euro, Kombiticket Zoo/Seilbahn 12,50 Euro)*.

MUSÉE D'HISTOIRE NATURELLE
Der ausgestopfte Tiger mit dem Kosenamen *Clem* ist das Symbol für das Naturkundemuseum, das den Schwerpunkt auf die Fauna der Region und die Mineralogie setzt. Clem ist im Zoo auf dem Mont Faron geboren und war lange das Maskottchen des in Toulon stationierten und inzwischen ausgemusterten Flugzeugträgers Clémenceau. *Mo–Fr 9–18 Uhr, Sa/So 11–18 Uhr | Eintritt frei | 113, bd. Maréchal Leclerc*

ESSEN & TRINKEN

LE GOURGUEISSOL ◐
Dieses Lebensmittelgeschäft setzt in seiner Teestube und in dem Minirestaurant mit nur 20 Plätzen auf Bio und provenzalische Spezialitäten. Es gibt eine Suppenbar, Gemüsekuchen, ein Biomenü sowie kleine Fisch- und Fleischgerichte. *Di–Sa 10–19 Uhr | 3, rue Charles Poncy (nahe der Oper) | Tel. 04 94 22 59 32 | www.legourgueissol.com | €–€€*

DIE WESTLICHE KÜSTE

LE POINTILLISTE
Im Norden der Altstadt serviert Christian Janvier zwar ein „Menu Crise" für 20 Euro, doch Billiges bringt er nicht auf den Teller. Seine Qualitäten und sein Umgang mit frischen Produkten unterstreicht der Koch aber noch besser in den umfangreicheren Menüs, die natürlich auch teurer sind. *Sa-Mittag, So und Mo-Mittag geschl. | 43, rue Picot | Tel. 04 94 71 06 01 | www.lepointliste.com | € – €€€*

ÜBERNACHTEN

BONAPARTE
Am Westrand der Altstadt mit Blick auf die Place d'Armes gelegenes, renoviertes Haus mit gutem Komfort, allerdings ohne Aufzug und Klimaanlage. *22 Zi. | 16, rue Anatole France | Tel. 04 94 93 24 55 | www.hotel-bonaparte.com | €*

GRAND HÔTEL DAUPHINÉ
Renoviertes Haus mit geschmackvoll eingerichteten Zimmern in der Fußgängerzone, 50 m vom Peiresc-Parkplatz. *55 Zi. | 10, rue Berthelot | Tel. 04 94 92 20 28 | www.grandhoteldauphine.com | €*

AUSKUNFT
334, av. de la République | am Hafen | Tel. 04 94 18 53 00 | www.toulontourisme.com

ZIEL IN DER UMGEBUNG

LE PRADET (134 A5) (*G7*)
Die Kleinstadt (11 000 Ew.), 9 km östlich, bietet fünf schöne *Badestrände, Pin de Galle, Monaco, Bonnettes, Garonne* und *Oursinières*, die über einen Küstenwanderweg miteinander verbunden sind. An der Südspitze ist in einer alten Kupfermine das schöne ● *Musée de la Mine de Cap-Garonne* eingerichtet, ein Mineralkundemuseum *(in den frz. Schulferien tgl. 14–17, Juli/Aug. 14–17.30 Uhr, sonst Mi, Sa, So 14–17 Uhr | Eintritt 6,50 Euro)*. Auskunft: *pl. du Général de Gaulle | Tel. 04 94 21 71 69 | www.provence-azur.com* oder *www.ot-lepradet.fr*

Toulon, Frankreichs wichtigster Militärhafen, putzt sich immer mehr heraus

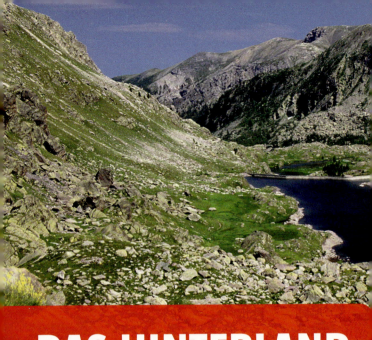

DAS HINTERLAND

Nur ein paar Kilometer vom Meer entfernt empfängt das *arrière-pays*, das Hinterland der Côte d'Azur, seine Besucher voller Ruhe und Gelassenheit. Die Landschaft in den Hügeln und Bergen hat einen sehr eigentümlichen, herben Reiz, für den man sich erst öffnen muss. Fixpunkte sind die stillen Orte auf den Hügeln. Sie haben trotz der Landflucht die bäuerliche Grundstruktur behalten, aber in der behutsamen Öffnung für den Fremdenverkehr auch neue Perspektiven für sich gewonnen. Ein buntes Völkchen von Aussteigern, Kunsthandwerkern und Naturliebhabern macht die winzigen Gemeinden zumindest im Sommer wieder lebendig. Weil über Jahrzehnte hinweg kaum neu gebaut wurde, haben sich die Orte ihren ursprünglichen Charakter bewahrt; die typischen einfachen Steinhäuser werden mit Sorgfalt restauriert. Flüsse wie der Estéron, der Loup und der Verdon schufen auf dem Weg von den Alpen zur Mittelmeerküste tiefe Schluchten, die zu Sportarten wie Canyoning, Kajakfahren und Extremklettern einladen, aber auch zu ausgedehnten Wanderungen mit atemberaubenden Ausblicken.

LES ALPES MARITIMES

(128–129 A–F 1–5) (*M–Q 1–2*) **Vom Meer mit Strand und Palmen sind es keine 50 km bis ins Hochgebirge mit Gipfeln über 3000 m.**

Bild: Lac Long im Vallée des Merveilles

Stille Dörfer, heilige Berge und Täler voller Wunder: Im ruhigen Hinterland der Côte d'Azur schaut sogar der Wolf vorbei

Die Seealpen *(Alpes Maritimes)* im Hinterland von Nizza und Monaco mit Flusstälern von Vésubie, Bévéra und Roya sorgen für die extremsten Kontraste an der Côte d'Azur.

ZIELE IN DEN ALPES MARITIMES

PARC NATIONAL DU MERCANTOUR
(128–129 A–F 1–3) (*0*)

Dort oben, rund um den *Mont Bégo*, der mit seinen 2873 m Höhe zwar nicht der höchste Gipfel, aber der „heilige" Berg des Mercantour ist, sagen sich nicht nur Hase und Fuchs, Adler und Steinbock, sondern seit 1992 auch Wölfe gute Nacht – zur Freude der Naturschützer, aber zum Ärger der Schafhirten. Seit 1979 ist das 685 km² große Gebiet von Sospel im Süden, der italienischen Grenze im Norden und dem Col d'Allos im Westen Frankreichs jüngster Nationalpark, der sehr eng mit dem italienischen *Parco delle Alpi Marittime* zusammenarbeitet. Der Park hat mehr als 600 km Wanderwege

LES ALPES MARITIMES

Barocke Pracht ist in der Pfarrkirche von Saorge zu sehen

ausgeschildert, es gibt ein gutes Dutzend Schutzhütten in der immer noch weitgehend unberührten Landschaft. Übernachtungen in Schutzhütten müssen in der Hochsaison reserviert werden. Auskunft: *Parc National du Mercantour | 23, rue d'Italie | Nizza | Tel. 04 93 16 78 88 | www.mercantour.eu*. Weitere Informationen und Tourenvorschläge in den einzelnen *Maisons du Parc* in *St-Martin-Vésubie*, *St-Etienne-de-Tinée*, *Valberg* und *Tende*.

SAORGE ★ (129 E3) (*M 0*)

Das Dorf mit seinen beiden Burgen, 150 m über der Schlucht Gorges de Saorge gelegen, war lange Zeit Kontrollpunkt für die Straße von Nizza nach Turin. Es steht heute unter Denkmalschutz. Ein Spaziergang durch die kleine Bergstadt lohnt sich: Die **INSIDER TIPP** *mittelalterlichen Häuser* – viele davon aus dem 15. Jh. –, die die kleinen Gassen säumen, sind bis zu zehn Stockwerke hoch. Die *Pfarrkirche* mit ihrem barocken Inneren erinnert an eine Säulenbasilika. Aus dem 11. Jh. stammt die Kirche *Madonna-del-Poggio* mit dem schlanken, sechsstöckigen Glockenturm. Im 17. Jh. wurde das *Franziskanerkloster* mit seiner inzwischen renovierten Fassade gebaut.

Zwischen dem Dorf und dem Kloster liegt das Restaurant Lou Pountin (Mi geschl. | *rue Revelli | Tel. 04 93 04 54 90 | €*) mit kühlem Speiseraum und sonniger Terrasse, das auch eine kleine Ferienwohnung für 4–6 Personen für eine Nacht oder länger anbietet (*€*). Auskunft: *Mairie (Rathaus) | Tel. 04 93 04 51 23 | www.saorge.fr*

VALLÉE DES MERVEILLES ★
(129 D–E2) (*M 0*)

Noch immer nicht gelöst ist das Rätsel der über 40 000 *Felszeichnungen* im „Tal der Wunder" am Fuß des Mont Bégo im Parc National du Mercantour. Die in den Stein geritzten Bilder, z. B. der „Hexenmeister" *(sorcier)*, sind zwar seit dem 17. Jh. bekannt, wurden aber erst im 20. Jh. systematisch erforscht. Ein Groß-

DAS HINTERLAND

teil der Werke soll aus der Bronzezeit zwischen 2800 und 1300 v. Chr. stammen. Die Felszeichnungen abseits der großen Wanderwege wie dem GR 52 sind oft nur in Begleitung erfahrener Wanderführer zu entdecken *(Auskunft bei Association des Guides, Accompagnateurs et Amis des Alpes Méridionales | Bureau de la Haute Vésubie | St-Martin-Vésubie | Tel. 04 93 03 26 60 oder beim Parc National du Mercantour)*. Den Wundern am Mont Bégo ist das ● *Musée des Merveilles (Hochsommer tgl. 10–18.30, Mai, Juni, Okt. Mi–Mo 10–18.30, Winter Mi–Mo 10–17 Uhr | av. du 17 sept. 1947 | Tende | Eintritt frei | www.museedesmerveilles.com)* mit 1000 m² Ausstellungsfläche gewidmet. Ausflüge in das Vallée des Merveilles organisiert das *Hôtel Le Mirval (18 Zi. | Nov.–März geschl. | 3, rue Vincent Ferrier | Tel. 04 93 04 63 71 | www.lemirval.com | €)* in *La Brigue*, einem Dorf, das mit seinem Marktplatz vor der Stiftskirche St-Martin seine italienischen Ursprünge bewahrt hat. Außerhalb des Orts, 4 km in einem idyllischen Seitental mit Quellen, die schon in der Antike bekannt waren, ist die INSIDER TIPP *Kapelle Notre-Dame-des-Fontaines* mit den Wandmalereien der piemontesischen Maler Giovanni Baleison und Giovanni Canavesio aus dem 15. Jh. ein Schmuckstück *(im Sommer Mo, Fr, Sa und So 10–11, 14–17, sonst Di–Sa 13.30–15 Uhr | 1,50 Euro)*.

VALLÉE DE VÉSUBIE
(128 B–C4) (*Ø O1*)

Zwei Wildbäche, die nahe der italienischen Grenze auf 2500 m Höhe ihre Quellen haben, bilden bei St-Martin-Vésubie den Vésubie-Fluss. Nach seinem Lauf durch ein anmutiges Tal ist er ab St-Jean-la-Rivière in den ★ *Gorges de la Vésubie* mit Steilwänden in verschiedenen Gesteinsfarben ein besonders schönes Naturschauspiel. Von der D 2565 zweigt die kleine D 32 nach *La Madone d'Utelle* ab, einem im 9. Jh. von Seefahrern gegründeten Wallfahrtsort mit einer ☼ *Aussichtsplattform* (1174 m), von der Sie einen unvergesslichen Rundblick über Seealpen und Meer haben.

MARCO POLO HIGHLIGHTS

★ **Saorge**
Ein Hauch von Tibet im Tal der Roya
→ S. 84

★ **Vallée des Merveilles**
Ein Tal voller Wunder und Geheimnisse: Felszeichnungen aus grauer Vorzeit im Nationalpark Mercantour
→ S. 84

★ **Gorges de la Vésubie**
Ein Fluss gräbt sich durch buntes Gestein im Hinterland von Nizza
→ S. 85

★ **Grand Canyon du Verdon**
Europas tiefste Schlucht → S. 87

★ **Moustiers-Ste-Marie**
Fayencedorf mit dem silbernen Stern → S. 89

★ **Musée de Préhistoire des Gorges du Verdon**
Auf den Spuren der Menschheit im Museum von Quinson → S. 89

★ **Abbaye du Thoronet**
Meisterwerk provenzalischer Romanik → S. 90

★ **Train des Pignes**
Im legendären „Pinienzapfenzug" mit viel Dampf über 33 Brücken
→ S. 93

CASTELLANE

CASTELLANE

(126 B5) (*K1*) **Bis ins Mittelalter hinein lebte die Stadt, die von den Römern Salinae genannt wurde, von ihren salzhaltigen Quellen.**

Nach dem Einfall der Sarazenen im 9. Jh. bauten die Einwohner zu ihrem Schutz auf dem 180 m hohen und 75 m breiten Kalkfelsen eine *Zitadelle (Petra Castellana)*. Heute ist das Städtchen (1600 Ew.) an der Route Napoléon vom Meer in die Alpen ein idealer Ausgangspunkt für Ausflüge in die Schluchten des Verdon.

SEHENSWERTES

ALTSTADT
Das Städtchen mit seinen engen Gassen hat ein paar architektonische Glanzstücke bewahrt. Von der alten Festung ist nicht mehr viel übrig. Das *Stadttor* mit seinem Uhrturm *(Tour de l'Horloge)* und der *fünfeckige Turm (Tour Pentagonale)* sind als Reste der alten Ummauerung noch geblieben.

MUSÉE SIRÈNES ET FOSSILES
Versteinerungen, die Millionen von Jahren alt sind, erzählen die Geschichte des Verdon-Tals im Museum zwischen Rathaus und Post. *April, Juli, Aug. tgl. 10–13, 15–18.30, Mai, Juni, Sept. Mi, Sa, So 10–13, 15–18.30 Uhr | 4 Euro*

NOTRE-DAME-DU-ROC
Ein an der Pfarrkirche beginnender Spaziergang mit Kreuzwegstationen führt hoch auf einen imposanten, fast kubischen Kalkfelsen, der den Ort überragt. Obendrauf steht die Wallfahrtskapelle *Notre-Dame-du-Roc*, die erst zu Beginn des 18. Jhs. gebaut wurde. Von dort

Nach einem Ausflug in die Verdon-Schluchten kehrt man gern ins schöne Castellane zurück

DAS HINTERLAND

haben Sie einen schönen Blick auf den Eingang der Verdon-Schluchten.

ESSEN & TRINKEN

AUBERGE DU TEILLON
Anspruchsvolles Restaurant mit regionalen Spezialitäten und schattiger Terrasse rund 6 km Richtung Grasse auf der Route Napoléon. *Dez.–Ende Feb., sonst Mo geschl. | RN 85 La Garde | Tel. 04 92 83 60 88 | www.auberge-teillon.com | €€ | auch 9 Zi., €*

ÜBERNACHTEN

MA PETITE AUBERGE
Dieses Haus liegt mitten im Zentrum, bietet einen schönen Park und ein Restaurant mit Terrasse. *15 Zi. | bd. de la République | Tel. 04 92 83 62 06 | Nov.–Ende Feb. geschl. | www.mapetiteauberge.com | €–€€ | Restaurant (€€) Mi geschl. außer Juli, Aug.*

DU ROC
Einfaches, aber sauberes und angenehmes Haus am großen Platz mit Restaurant. *10 Zi. | place de l'Eglise | Tel. 04 92 83 62 65 | Nov. geschl. | www.hotelduroc04.com | €*

AUSKUNFT

OFFICE DE TOURISME
Rue Nationale | Tel. 04 92 83 61 14 | www.castellane.org

ZIELE IN DER UMGEBUNG

GRAND CANYON DU VERDON ★
(130–131 C–D2) (*H–J2*)

Wie ein Messer in weiche Butter hat sich der Fluss, der auf 2800 m Höhe bei Sestrière entspringt, in grauer Vorzeit durch die Kalkfelsen der Voralpen gegraben, und ist heute wohl eins der größten Naturschauspiele in ganz Europa. Bis zu 700 m fallen die Felswände zu beiden Seiten der Schlucht fast senkrecht in die Tiefe ab. Heute wird der wilde Gebirgsfluss mit seinem smaragdgrünen Wasser durch ein halbes Dutzend Stauseen gebändigt, ist aber trotzdem ein Mekka für Wanderer, Extremkletterer und Wassersportler geblieben.

❄ Zwei Panoramastraßen, die *Corniche Sublime* (im Süden) und die noch spektakulärere *Corniche des Crêtes* (im Norden) eröffnen atemraubende Einblicke in die Schlucht, beispielsweise von der 800 m hohen *Falaise des Cavaliers* (zwischen Comps und Aiguines gelegen) aus.

Seit 1997 ist der Grand Canyon du Verdon mit seinem Umland und dem auf 1000 m Höhe liegenden Dorf *La Palud* als Parc Naturel Régional eingestuft. La Palud, Zentrum des Naturparks, wartet mit

CASTELLANE

In jeder Hinsicht ein Erlebnis der Superlative: Grand Canyon du Verdon

einem interessanten *Museum* über die Schlucht auf *(Maison des Gorges du Verdon | Le Château | La Palud | Mitte März–Mitte Nov. 10–12 und 16–18 Uhr | www.lapaludsurverdon.com | 4 Euro)*. Auskunft: *Parc Naturel Régional du Verdon | Domaine de Valx | Moustiers-Ste-Marie | Tel. 04 92 74 68 00 | www.parcduverdon.fr*

MONTAGNE DU CHEIRON
(127 E–F 4–5 –128 A–B 4–5)
(*M–O 1–2*)

Ein landschaftliches Kleinod ist die Gegend rund um den 1777 m hohen Gipfel des Cheiron mit wilden Flusstälern und idyllischen Bergdörfern rund 50 km im Osten von Castellane. Sehenswert sind die *Gorges du Loup*, die nach der Clue de Gréolières ahnen lassen, was der Fluss auf seinem Weg zum Meer noch so alles anstellt: ☀ Entlang der D 3 mit ihren Aussichtsparkplätzen zwischen Bramafan und Gourdon ist das Wasser in den Schluchten wie entfesselt. Spektakuläre Wasserfälle wie etwa die *Cascade des Courmes* oder der *Saut du Loup* zeigen, wie tief sich der Fluss in die Felsen gegraben hat.

Gréolières (127 F5) (*N2*), mit 450 Ew. der Hauptort dieser Mikroregion, ist der Ausgangspunkt für Wanderungen und Canyoning in den Tälern von Loup und Estéron. Sehenswert sind Dörfer wie das sorgfältig restaurierte *Coursegoules* (128 A5) (*N2*) auf 1000 m Höhe oder das 65-Seelen-Dorf *Roquestéron-Grasse* (128 A4) (*N1*) mit der ☀ Festungskirche *Ste-Pétronille* (12. Jh.) mit Blick aufs Estéron-Tal. Infos über das Gebiet, das zum regionalen Naturpark erhoben werden soll, gibt es beim *Syndicat Mixte de Préfiguration du PNR des Préalpes d'Azur (2, avenue Gaston de Fontmichel | 06460 Saint Vallier de Thiey | Tel. 04 92 42 08 63 oder 06 61 56 72 05 | www.pnr-prealpesdazur.fr)*.

DAS HINTERLAND

MOUSTIERS-STE-MARIE ★
(130 C1) (*H1*)

Ein Bergdorf wie aus dem Bilderbuch. Nicht weit vom Ausgang der Verdon-Schlucht kauert das Örtchen (700 Ew., ca. 45 km von Castellane) am Fuß zweier Felsen, zwischen denen seit dem frühen Mittelalter eine Kette mit einem silbernen Stern gespannt ist. Moustiers, einst von den Mönchen der Iles de Lérins vor Cannes besiedelt, wurde im 18. Jh. zu einem wichtigen Zentrum der Fayencekunst. Der Wirtschaftszweig erlebt nach der Krise im 19. Jh. eine Renaissance; heute produzieren wieder knapp 20 Werkstätten.

Dass Moustiers inzwischen schick geworden ist, zeigt Starkoch Alain Ducasse, der hier eine Filiale eröffnet hat: *La Bastide de Moustiers (Chemin de Quinson | Tel. 04 92 70 47 47 | www.bastide-moustiers.com | €€€ | auch 12 Zi.).* Eine sichere Bank auf dem Kirchplatz des Dorfs ist das Restaurant INSIDER TIPP ▶ *La Treille Muscate (Nov.–Jan. geschl., Juli/Aug. Mi geschl., Febr.–Okt. Mi/Do geschl. | place de l'Eglise | Tel. 04 92 74 64 31 | www.restaurant-latreillemuscate.com | €€)* mit gediegener provenzalischer Küche, aufmerksamem Service, hübschem Saal und lauschiger Terrasse. Auskunft: *place de l'Eglise | Tel. 04 92 74 67 84 | www.moustiers.eu*

Moustiers-Ste-Marie ist ein guter Ausgangspunkt für Ausflüge in die nahe Verdon-Schlucht, aber auch an den *Lac de Ste-Croix*, den 1975 angelegten Stausee im Süden mit vielen Wassersportangeboten, z. B. in Ste-Croix oder Bauduen, wo man u. a. Tretboote mieten und in die Schlucht hineinfahren kann.

QUINSON (130 A3) (*G3*)

Das kleine, typisch provenzalische Dorf (420 Ew.) am Verdon ist mit einem gekonnten Rückgriff auf die Vergangenheit in der Zukunft des Tourismus angekommen. 75 km von Castellane entfernt, am südlichen Ende des Stausees von *Ste-Croix*, baute der renommierte britische Architekt Sir Norman Foster ein hypermodernes Museum der Vorgeschichte: Das ★ *Musée de Préhistoire des Gorges du Verdon (Frühling und Herbst Mi–Mo*

LOW BUDG€T

▶ An der Endstation des Pinienzapfenzugs in Annot bietet das *Hôtel Beausejour (17 Zi. | place du Révelly | Tel. 04 92 83 21 08 | www.hotel-beausejour-annot.com | €)* Doppelzimmer für 50 Euro, dazu gibt es eine preisgünstige Mahlzeit im Restaurant.

▶ Der Stausee *Ste-Croix* in der Hochprovence ist mit Campingplätzen wie dem *Camping Manaysse (www.camping-manaysse.com)* bei Moustiers-Ste-Marie auch bei schmalem Geldbeutel (der Platz kostet keine 15 Euro pro Nacht, der komplett eingerichtete Wohnwagen mit Vorzelt im Hochsommer 245 Euro pro Woche für 4 Personen) ein Paradies für Wasserratten.

▶● Mittendrin in den Schluchten des Verdon, im Dorf *Rougon*, das mittlerweile wieder ein paar Dutzend wilder Geier beherbergt, haben Thierry Gaillot und Leslie Avado das ehemalige Lebensmittelgeschäft zu einem *bistrot de pays (www.bistrotdepays.com)* ausgebaut und servieren in absoluter Ruhe provenzalische Spezialitäten wie Lammragout *(La Terrasse | im Winter So-Abend, Mo geschl., sonst tgl. | Tel. 04 92 31 47 74 | €).*

COTIGNAC

10–19, Juli und Aug. tgl. 10–20 Uhr | 7 Euro | www.museeprehistoire.com).

COTIGNAC

(130 B5) (*H4*) **Unter einem 80 m hohen Tuffsteinfelsen duckt sich die Altstadt des Dorfes (2200 Ew.), das nach der großen Landflucht zu Beginn des 20. Jhs. eine neue Blüte erlebt.**

Künstler und Musiker haben die Dörfer der Region Haut-Var, auf halbem Weg zwischen der A 8 und dem Stausee von Ste-Croix, wiederentdeckt. Cotignac, einst für seine Gerbereien, Ölmühlen und Seidenspinnereien bekannt, ist mit seinem ● INSIDER TIPP *Markt (jeden Di auf dem Cours Gambetta)* zum Treffpunkt geworden.

SEHENSWERTES

ALTSTADT
Ein schöner Spaziergang führt durch die engen Gassen Cotignacs zum *Théâtre de la Verdure*, einem im Sommer für Konzerte und Theateraufführungen genutzten Freilichttheater. Von der Kirche geht der Weg weiter zum *Tuffsteinfelsen*, in dem eine zweistöckige *Grotte* ausgewaschen ist. Von dort haben Sie einen schönen Ausblick auf das Dorf und die Weinberge im Tal.

ESSEN & TRINKEN

RESTAURANT DU COURS
Die Einheimischen halten das einfache Restaurant mit großer Sommerterrasse für die beste Küche im Dorf. Es gibt regionale Spezialitäten wie Wachtel *(caille)* und Kaninchen *(lapin)* nach Großmutterart. *Ende Dez.–Febr., Di-abends und Mi geschl. | 18, cours Gambetta | Tel. 04 94 04 78 50 | €*

EINKAUFEN

Cotignac ist bekannt für Wein, Öl und Honig. INSIDER TIPP Bienenhonig gibt es bei *Ruchers du Bessillon (cours Gambetta | www.ruchersdubessillon.com).*

ÜBERNACHTEN

DOMAINE DE NESTUBY
Auf einem Weingut etwas außerhalb des Dorfs und deshalb sehr ruhig hat die Winzerfamilie einfache, saubere und typisch provenzalisch dekorierte Gästezimmer eingerichtet. Auf dem Gelände gibt es ein herrliches Schwimmbad und eine Sauna. *4 Zi. | route de Brignoles | Tel. 04 94 04 60 02 | www.nestuby-provence.com | €*

AUSKUNFT

Pont de la Cassole | Tel. 04 94 04 61 87 | www.la-provence-verte.net

ZIELE IN DER UMGEBUNG

ABBAYE DU THORONET ★
(130 C5) (*J5*)
Rund 20 km im Süden von Cotignac liegt die älteste der drei Zisterzienserabteien der Provence. Le Thoronet aus dem 12. Jh. ist ein Meisterwerk der provenzalischen Romanik und zeichnet sich durch äußerste Schlichtheit und Präzision aus. Nach der Französischen Revolution wurde der Bau vernachlässigt, die Abtei verfiel. Im 19. Jh. rettete sie Schriftsteller und Konservator Prosper Mérimée vor dem völligen Verfall. Seither wurde sie immer wieder restauriert. Beeindruckend sind der Kreuzgang, die Kirche und der Kapitelsaal im Klostergebäude. *April–Sept. tgl. 10–18.30, Okt.–März 10–13 u. 14–17 Uhr | 7 Euro | thoronet.monuments-nationaux.fr*

DAS HINTERLAND

Der massig wirkende Kreuzgang der Abbaye du Thoronet

BARJOLS (130 A4) (*G4*)
30 Brunnen tragen zum Charme des Orts (3000 Ew., ca. 13 km westlich) bei. Lohnend ist ein Spaziergang durch die Dorfmitte mit einer Platane auf dem Rathausplatz mit 12 m Umfang. Auskunft: *bd. Grisolle | Tel. 04 94 77 20 01 | www.la-provence-verte.net*

INSIDER TIPP CORRENS
(130 B5) (*G4*)
Wenn der Bürgermeister als Weinbauer auf biologischen Anbau setzt, ist das ein Zeichen. Correns (800 Ew., 4 km südwestlich) gilt als erstes Bio-Dorf Frankreichs und verzichtet bei der Weinproduktion auf Chemie. Gemüsebauern haben nachgezogen, die Gemeinde feiert jeden Sommer ihr Bio-Festival. Vom einstigen Luxushotel eine Stufe heruntergenommen haben die Betreiber der *Auberge du Parc (place Général de Gaulle | Tel. 04 94 59 53 52 | www.aubergeduparc.fr | €€ | auch 6 Zi., €€)*, pflegen aber weiter das Schwimmbad im Garten und servieren den Bio-Wein der Gemeinde. Eine der schönsten Badegelegenheiten in freier Natur bietet der

● INSIDER TIPP *Vallon Sourn*, eine idyllische Schlucht mit Kletterfelsen und schattigen Bäumen im Westen des Dorfs. Auskunft: *2, rue Cabassonne | Tel. 04 94 37 21 31 | www.la-provence-verte.net*

ENTRECASTEAUX (130 C5) (*H4*)
Der kleine Ort (1000 Ew., 8 km im Osten) über dem Tal der Bresque ist stolz auf sein imposantes *Schloss* (17. Jh.) und den *Schlossgarten*, der vom Architekten André Le Nôtre angelegt wurde *(Ostern–Okt. tgl. Führung 16 Uhr | 7 Euro | www.chateau-entrecasteaux.com)*.

SALERNES (130 C4) (*H4*)
Salernes (3700 Ew.), 12 km östlich, ist seit Jahrhunderten ist ein Zentrum für Keramik. Die sechseckigen *tomettes*, die roten Fliesen, sind im ganzen Land gefragt. Unternehmer wie INSIDER TIPP *Alain Vagh (rte. d'Entrecasteaux | Tel. 04 94 70 61 85 | www.alainvagh.fr)* lassen ihrer Phantasie freien Lauf und dekorieren damit Rennboote, Autos oder Klaviere.

Das Dorf hat in einer alten Fabrik ein Museum eingerichtet, das die Geschichte, aber auch die Gegenwart des Hand-

ENTREVAUX

werks präsentiert *(Terra Rossa | Quartier des Launes | Mi–Mo März–Nov. 10–18, im Hochsommer bis 19 Uhr | terrarossasalernes.over-blog.fr | 3 Euro)*. Auskunft: *pl. Gabriel Péri | Tel. 04 94 70 69 02 | www.ville-salernes.fr*

SILLANS-LA-CASCADE
(130 B–C4) (*H4*)
Sorgfältig restauriertes Dorf mit einem *Schloss* aus dem 18. Jh., 6 km von Cotignac entfernt. Eine halbe Stunde geht man zum *Wasserfall*, wo das Flüsschen Bresque 40 m in die Tiefe stürzt. Mitten im Dorf hat die Familie Billaud das *Hôtel-Restaurant Les Pins* mit Kamin im Saal und schattiger Terrasse im Sommer übernommen und serviert provenzalische Spezialitäten zu vernünftigen Preisen *(Grand' Rue | im Sommer Mo, im Winter Mo, Di geschl. | Tel. 04 94 04 63 26 | www.restaurant-lespins.com | €–€€ | auch 5 Zi., €)*.

VILLECROZE (130 C4) (*I4*)
Die mittelalterliche Altstadt des Dorfs (1100 Ew., 24 km östlich) wartet mit schönen *Gassen* unter Arkaden auf. Der städtische *Park mit Wasserfall* und *Rosengarten* liegt unter einem Tuffsteinfelsen. *Führungen durch die Grotten Juli–Mitte Sept. 10–12, 14.30–19, Mai, Juni und Ostern 14–18 Uhr | 1,50 Euro*

ENTREVAUX

(127 E3–4) (*M1*) **Das Städtchen (880 Ew.) mit der Brücke aus dem 17. Jh. gehört zu den Festungsanlagen, die noch fast im Originalzustand erhalten sind.**

Die *Zitadelle* oberhalb der mittelalterlichen Siedlung am Fluss Var wurde von Baumeister Vauban zur fast uneinnehmbaren Burg ausgebaut: Entrevaux lag bis 1860 an der Grenze zwischen Frankreich und der Grafschaft Nizza. Eine Spezialität ist die *secca*, getrocknetes Rindfleisch, das dem Bündner Fleisch der Schweiz ähnelt.

SEHENSWERTES

Die *Zitadelle* ist mit einem halbstündigen Fußmarsch zu erreichen. Einen Besuch lohnt auch die *Kathedrale* aus dem 17. Jh. mit ihrem großen barocken Portal.

ÜBERNACHTEN

VAUBAN
Nach einem Eigentümerwechsel frischer Schwung in dem einfachen Hotel mit Restaurant. *8 Zi. | 4, pl. Louis Moreau | Tel. 04 93 05 42 40 | www.hotel-le-vauban.com | €*

AUSKUNFT

Porte Royale du Pont Levis | Tel. 04 93 05 46 73 | www.entrevaux.info

ZIELE IN DER UMGEBUNG

AIGLUN (127 F5) (*M1*)
Die 25 km lange Strecke zum Bergdorf Aiglun (90 Ew.) im Süden zeigt zwei der beeindruckendsten Klusen in Südfrankreich: die *Clue de Riolan* und die *Clue d'Aiglun*. Die Hauptstraße führt durch einen Torbogen des Gasthauses *Auberge du Calendal (5 Zi. | 1 Schlafsaal | Restaurant Feb., Mi abends, So außerhalb der Hochsaison geschl. | Tel. 04 93 05 82 32 | www.auberge-aiglun.com | €)*.

INSIDER TIPP ▶ GORGES DE DALUIS (GORGES DU CIANS)
(127 E–F 2–3) (*O*)
Die Schluchten von Daluis, 14 km nordwestlich, zeigen auf 7 km Länge die Urge-

DAS HINTERLAND

walt des Var, der sich zwischen Daluis und Guillaumes tief in leuchtend rotes Felsgestein gegraben hat. Sehenswert auf halber Strecke die Brücke *Pont de la Mariée*, von der der Legende nach eine Braut in den Tod gestürzt ist. Das Bauwerk ist Ausgangspunkt für INSIDER TIPP *Flusswanderungen* und *Canyoningtouren*, die unbedingt in Begleitung eines Führers unternommen werden sollten. Etappenort für Touren ist *Guillaumes* mit den Ruinen des *Schlosses* aus dem 15. Jh. *(Hotel-Restaurant Les Chaudrons | 10 Zi. | Tel. 04 93 05 50 01 | €)*.

Über die 1669 m hoch gelegene Skistation Valberg oder auf einem Umweg über das Felsendorf Péone sind die *Gorges du Cians* zu erreichen. Noch wilder als in der Nachbarschlucht ist die Landschaft hier; die D 28 windet sich durch ein halbes Dutzend Tunnels und öffnet immer wieder neue Aussichten auf die grandiose Natur. Informationen und Führungen durch beide Schluchten im *Maison de Pays | N 202 | Puget-Théniers | Tel. 04 93 05 05 05 | www.provence-val-dazur.com;* Auskunft Guillaumes: *Mairie | Tel. 04 93 05 57 76 | www.pays-de-guillaumes.com*

TRAIN DES PIGNES ★
(127 D–F 3–4) (*L–N1*)

An den Wochenenden von Mitte Mai bis Ende Oktober erlebt der „Pinienzapfenzug" eine Renaissance auf der abenteuerlichen Eisenbahnstrecke von Nizza nach Digne. 1,5 Stunden braucht die Dampflokomotive, um ihre historischen Holzwaggons von Puget-Théniers nach Annot zu befördern. Zurück geht es in einer Stunde. *Reservierungen Gare des Chemins de Fer de la Provence | 4 bis, rue Alfred Binet | Nizza | Tel. 04 97 03 80 80 | www. trainprovence.com oder Gare d'Annot | Tel. 04 92 83 20 26 | www.annot.com | Hin- und Rückfahrt 17,50 Euro*

Immer schön nach vorn sehen, wenn Sie die Brücke von Entrevaux überqueren

AUSFLÜGE & TOUREN

Die Touren sind im Reiseatlas, in der Faltkarte und auf dem hinteren Umschlag grün markiert

1 VON ANTIBES ÜBER GRASSE ZURÜCK ANS MEER

Rosen und Veilchen, Orangen und Zitronen, Ginster und Mimosen. Die Region um Grasse ist das Land der Düfte, die Stadt selbst Mittelpunkt einer Route, die auf knapp 110 km an zwei bis drei Tagen alle Kontraste der Côte d'Azur wie unter einer Lupe bietet: Wilde Schluchten und Bergdörfer in atemberaubender Höhe, Tempel der modernen Kunst von Weltruf, blaues Meer mit gepflegten Sandstränden, mittelalterliche Burgen und moderne Feriensiedlungen, Großstadttrubel und menschenleere Wälder.

Der Blick beim Start in **Antibes** → S. 54 auf der Festungsmauer nahe dem **Musée Picasso** → S. 56 im alten Grimaldi-Schloss ist einfach überwältigend: Das blaue Meer der Engelsbucht, daneben die futuristische, pyramidenförmige Feriensiedlung *Marina Baie des Anges* von 1970, die Silhouette von Nizza und darüber die Gipfel der Seealpen.

Ein gutes, einfaches Mahl im **Le Safranier** → S. 56 rüstet für den Weg in die Berge. Über **Cagnes-sur-Mer** → S. 48 geht es die 10 km nach **St-Paul-de-Vence** → S. 53, mit der Fondation Maeght einer der bekanntesten Wallfahrtsorte für die Anhänger moderner Kunst. Die Künstler haben ihre Spuren mit Bildern im Spitzenrestaurant **La Colombe d'Or** → S. 53 hinterlassen.

Gleich nach Vence wird die Landschaft an der D 2210 über **Tourrettes-sur-Loup**,

Bild: Dank der Fondation Maeght ist St-Paul-de-Vence ein Pilgerzentrum moderner Kunst

Schnuppern, schlemmen, staunen, lauschen: Unterwegs auf Küstenpfaden und Traumstraßen im Paradies der Sinne

der Hauptstadt der Veilchen mit einer wunderschönen Altstadt, wildromantisch. Ein Halt an der von Deutschen im Jahr 1944 gesprengten Brücke über den Fluss lohnt sich in **Pont-du-Loup**: Die 🟠 INSIDER TIPP **Confiserie Florian** *(tgl. 9–12, 14–18.30, im Sommer 9–18.30 Uhr | www.confiserieflorian.com | Eintritt frei | Führung auch in deutscher Sprache)* zeigt, was geschickte Hände aus Veilchenblüten, Rosenblättern oder Südfrüchten an Konfitüren, Bonbons und anderen süßen Köstlichkeiten herstellen können. Die Bonbonfabrik hat ihr Angebot erweitert und 50 m weiter im Dorf das **Bistrot des Fleurs** eröffnet, das Mittagessen, z. B. eine 🌱 Bio-Gemüsesuppe mit Rosenwasser aus Grasse, einen Teesalon und Kochkurse anbietet *(Do–Mo 11–18 Uhr | 22, pont du Loup | Tel. 04 94 11 06 94 | geöffnet | €)*.

Derart gestärkt können Sie sich nun in die Schluchten des Flusses Loup wagen. Die **Cascade des Courmes**, ein 70 m hoher Wasserfall, entschädigt für den Umweg und führt zum ❄ Felsendorf

Gourdon → S. 65 mit atemberaubendem Blick, aber allen Nachteilen, die ein auf Tourismus ausgerichtetes Örtchen mit Dutzenden von Souvenirläden und Kunsthandwerkern mit sich bringt. Wer schon jetzt eine Pause einlegen möchte, meidet Gourdon und mietet sich in der **ehemaligen Schäferei** von Bruno Rouganne und Eric Demeester ein, die mit viel Liebe in der Nähe des Wasserfalls ein Gästehaus mit Schwimmbad und Boulebahn *(635, chemin de la Cascade | Tel. 04 93 09 65 85 | www.gite delacascade.com | € | Abendessen nach Reservierung, €)* eingerichtet haben.

Grasse → S. 62, seit dem 17. Jh. die Welthauptstadt der Düfte, ist mit seinen Spitzenrestaurants und Hotels ideal für einen Zwischenaufenthalt. Feinschmecker kommen in den Delikatessengeschäften auf ihre Kosten. Das Familienunternehmen **Vallauri** *(2, rue D. Conte | Tel. 04 93 36 59 26)* lädt jeden Samstag im Sommer zur Verkostung regionaler Produkte wie Öl, Wein und Konfitüre. Ein Menü einheimischer Spezialitäten bietet **Le Moulin du Sault** *(Mo geschl. | rte. de Cannes | Auribeau-sur-Siagne | Tel. 04 93 42 25 42 | www.moulindusault.com | €€ – €€€)* in einer ehemaligen Olivenölmühle aus dem 15. Jh. knapp 5 km im Süden von Grasse. Danach empfiehlt sich ein Spaziergang in **Auribeau**, einem Dorf aus dem 12. Jh. (2600 Ew.) am Rand des Tanneron-Gebirges mit seinen Mimosenwäldern, das noch nicht vom Tourismus dominiert wird.

Weniger Charme hat **Mouans-Sartoux** (10 500 Ew.) auf dem Weg zurück ans Meer zu bieten, aber das Städtchen, als einziges der Region von einem grünen Bürgermeister verwaltet, besitzt außer dem mittelalterlichen Schloss in Dreiecksform einen weiteren, grell-grünen Trumpf des 21. Jhs.: Die Schweizer Künstler Sybil Albers und Gottfried Honegger haben Mouans-Sartoux ihre einzigartige Sammlung konkreter Kunst mit Arbeiten von Daniel Buren, Max Bill, Joseph Beuys, Yves Klein, Imi Knoebel, Ulrich Rückriem und Georg Karl Pfahler vermacht und dafür von den Züricher Architekten Annette Gigon und Mike Guyon einen 26 m hohen, grün gestrichenen **INSIDER TIPP Museumsturm** bekommen *(Espace de l'Art Concret | Château de Mouans | Mi–So 11–18, im Hochsommer tgl. 11–19 Uhr | www.es pacedelartconcret.fr | 5 Euro)*.

Nur ein Katzensprung ist es nach **Mougins → S. 61**, das noch einmal mit der exquisiten Mischung von Gastronomie, Golfplätzen, Galerien und dem Pablo Picasso gewidmeten Photographiemuseum zu einem längeren Halt verführt. Über das von Picasso geprägte Keramik-

So beschaulich ist Gourdon nur selten

AUSFLÜGE & TOUREN

zentrum **Vallauris** → S. 62 führt Sie der Weg aus dem Land der Düfte und der Feinschmecker schließlich zurück nach Antibes ans Meer.

2 KÜSTENWANDERUNG AUF DER HALBINSEL VON ST-TROPEZ

Der *sentier littoral*, gelb markierter, 19 km langer Küstenwanderweg von Cavalaire zum Cap Camarat auf der Halbinsel von St-Tropez, ist mehr als nur ein Symbol für Umweltbewusstsein im Département Var, das die meisten Touristen nach Südfrankreich lockt. Die Wanderung durch wilde, romantische Landschaft dauert ca. 6 Std. Wer zwischendurch baden will, sollte Badekleidung und Handtuch einpacken.
Der Küstenpfad ist eine Errungenschaft des 1975 gegründeten *Conservatoire du Littoral*, der sich nicht nur gegen Zersiedlung der Küste stark macht, sondern sich auch um den 🌱 Schutz von Fauna und Flora kümmert und bei Bedarf den Wanderweg repariert, der zuletzt von außergewöhnlich hohen Wellen beschädigt wurde. Ausgangspunkt für den Wanderweg mit Blick auf Himmel und Meer ist das **Denkmal zur Landung der Alliierten** am 15. August 1944 im äußersten Osten des Strands von La Croix-Valmer. Von dort geht es bis zur Pointe de la Bouillabaisse. Der *sentier littoral*, einst fast ausschließlich von den Zöllnern benutzt, führt durch felsiges Gelände durch einen Mimosenwald bis zum Strand von **Héraclée**. Im Sommer ist es überhaupt kein Problem, durch das praktisch trockene Bachbett im Valescure-Tal zum beliebten **Gigaro-Strand** (*le Mas de Gigaro*) zu kommen. Der 290 ha große Küstenstreifen vom Mas du Gigaro bis zur Halbinsel Cap Taillat ist ein öffentlich zugängliches Schutzgebiet. Der Felsen mit den Aleppokiefern- und Korkeichenwäldern ist

Wanderers Belohnung: tolle Ausblicke vom Cap Camarat

ein Nistplatz für Schwarzdrosseln, Grünspechte, Spatzen oder Seemöwen.
Auch ungeübte Wanderer schaffen ohne Probleme den Aufstieg zur 150 m hohen **Pointe Andati**, auf der noch die Reste eines Leuchtturms zu sehen sind. Wer beim Wandern eine Badepause machen möchte, muss noch das **Cap Lardier** umrunden. Die Geduld wird belohnt, entweder am Strand der **Bastide Blanche** oder, einen knappen Kilometer weiter, zu beiden Seiten der Halbinsel mit dem **INSIDER TIPP Cap Taillat**. Dort gibt es sogar einen kleinen Sandstrand. Noch bis weit in den Herbst hinein räkeln sich Sonnenanbeter auf den Felsen, auf denen einst der Zoll sein festes Domizil gebaut hatte.
Zwischen zwei Felsen führt der *sentier littoral* hoch über idyllische, auch im Sommer nie von Touristen überfüllte

Badebuchten zum Strand von **L'Escalet**, der mit dem Auto von St-Tropez aus erreichbar ist. Das Touristenzentrum lässt grüßen, die ersten Wohnsiedlungen tauchen auf. Von der wunderschönen ☼ Aussichtsplattform des sich anschließenden **Cap Camarat** sieht man bei klarem Wetter im Norden die Bergkette des Mercantour in den Seealpen. Das Cap ist Eigentum des Conservatoire du Littoral und damit vor Immobilienspekulation geschützt. Vom Cap Camarat aus ist der Weg bis in die Gefilde von St-Tropez ebenfalls als *sentier littoral* ausgewiesen. Vom Parkplatz des Leuchtturms *(phare)* aus führt der Küstenwanderpfad hinter der **Pointe de la Bonne Terrasse** zum 3 km langen Strand von **Pampelonne** mitten hinein in das mondäne Badeleben des berühmten Hafenstädtchens.

stört, 1953 aber mit Steinen aus dem Bett des Bévéra-Flusses neu aufgebaut. Sehenswert ist die Kathedrale *St-Michel* auf einem Platz, der von mittelalterlichen Arkadenhäusern umgeben ist. Von Sospel führt die D 2204 über den 879 m hohen Col de Brouis an das Ufer der Roya. Ausgangspunkt für die Sporttour im Roya-Hochtal ist **Breil-sur-Roya**. Das Dorf liegt an beiden Ufern des Bergflusses, der hier zu einem künstlichen See aufgestaut ist. Das örtliche Verkehrsamt *(Pl. Biancheri | Breil | Tel. 04 93 04 99 76 | www.breil-sur-roya.fr)* vermittelt Kajakkurse oder Canyoning-Ausflüge in die Schluchten der Umgebung. Ein paar Kilometer flussaufwärts liegt der Ort **Saorge** → S. 84, eines der schönsten französischen Felsendörfer. Von Saorge aus können Sie schöne Wanderungen im

3 FREIZEITSPORT IM TAL DER ROYA

Selbst im Sommer verschafft ein Ausflug von Menton ins Tal der Roya kühle Luft. Das Hinterland der Côte d'Azur erwacht. Das Tal hat die Infrastruktur für Sportangebote ausgebaut. Kajakfahren, Canyoning, Wandern im Nationalpark, Klettern auf einer Via Ferrata, sogar Golfspielen – auf knapp 30 km einfacher Strecke ist alles möglich. Für die Anfahrt von Menton aus über Ventimiglia oder Sospel sind noch einmal 40 km zu veranschlagen. Dauer: 1–2 Tage, für jene, die Sport treiben wollen, entsprechend länger.
Von **Menton** → S. 38 führt die kurvenreiche D 2566 durch das Vallée du Caraï nach **Sospel**. Das Wahrzeichen der zweitgrößten Stadt der Grafschaft Nizza ist die Brücke aus dem 15. Jh., einst Mautstelle an der *Route du Sel*, der Salzstraße. Die Brücke wurde im Zweiten Weltkrieg zer-

AUSFLÜGE & TOUREN

Nationalpark des Mercantour → S. 83 unternehmen.

Auf dem Weg nach Norden lohnt sich ein Halt in **La Brigue** *(www.labrigue.fr)*. Das Dorf gehörte mal zur Provence, mal zu Savoyen, zu Frankreich, zum Piemont, zu Italien und ist 1947 nach einer Volksabstimmung mit dem Roya-Tal zurück nach Frankreich gekommen. Die 600 Einwohner sind stolz auf gleich **sieben historische Denkmäler**. Ein 90-minütiger Spaziergang führt zu den kleinen Kapellen, die im Laufe der Jahrhunderte rund um das Dorf gebaut wurden. Wer es sportlich möchte, kann in gut 5 Std. zum 2482 m hohen **Mont Bertrand** wandern. Letzter Schrei in Sachen Abenteuer in den Südalpen ist die *Via Ferrata*, italienischer Ausdruck für Kletterrouten in Schwindel erregender Höhe, die voll ausgestattet sind mit Steigeisen, Leitern, Stegen und Brücken. Hoch über dem Bergdorf **Tende** ist zwischen zwei Felsen der 20 m lange und 40 cm breite Steg schon von weitem als Wahrzeichen der **Via Ferrata des Comtes Lascaris** zu sehen.

Den unvergleichlichen Charme der Bergwelt hat für Golfgenießer, die beim Einputten nicht unbedingt das Meer sehen wollen, der Golfplatz von **Vievola** *(Tel. 04 93 04 88 91 | www.golf-vievola.com)*, der zwischen Tende und der italienischen Grenze liegt, aber nur als 9-Loch-Anlage betrieben wird. Zurück an die Küste nach Menton führt der schnellste Weg von Breil-sur-Roya über die französische N 204 zur Grenze und die italienische N 20 über Ventimiglia. Am Meer entlang kommen Sie über die Via Aurelia zurück nach Frankreich.

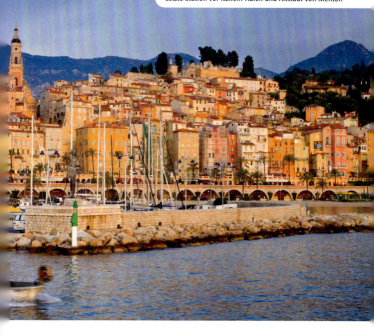

Letzte Station vor Italien: Hafen und Altstadt von Menton

SPORT & AKTIVITÄTEN

Reißende Flüsse, die durch tiefe, enge Täler fließen, schroffes Hochgebirge mit ewigem Schnee, Meer und Inseln, menschenleere Landschaften und Golfplätze mit Blick auf blaues Wasser: Die Côte d'Azur und ihr Hinterland sind ein Paradies, um alle denkbaren Sportarten zu betreiben.

Amateure und Profis, von Wassersportlern über naturliebende Wanderer und ehrgeizige Bergsteiger bis hin zu begeisterten Golfern und Tauchern: Alle kommen auf ihre Kosten. Den besten Überblick über Sportaktivitäten an der Küste und im Hinterland geben die regionalen Tourismuskomitees in Nizza, auf Französisch und Englisch unter www.cotedazur-tourisme.com und www.decouverte-paca.fr

CANYONING

Schwimmen, Laufen, Springen, Abseilen, Klettern und sogar Tauchen: All diese Betätigungen verbindet diese vielseitige Sportart. Eine Gruppe Abenteuerlustiger hangelt sich durch Schluchten, überwindet Berge und durchquert Bäche. Die Touren können eine Stunde oder aber mehrere Tage dauern. Das Hinterland der Côte d'Azur bietet dafür die besten Voraussetzungen.

Klassiker sind die Touren in den Schluchten des Verdon wie der *Canyon de la Mainmorte*, bei dem als Höhepunkt das Abseilen aus 45 m Höhe in die grünen Fluten des Verdon auf dem Programm steht *(Anmarsch 20 Min. | Dauer 3 Std. | Rückkehr durch das Flussbett 5 Std.)*.

Bild: Kletterer in den Alpes Maritimes, den Seealpen im Hinterland der Côte d'Azur

Meer und Strand, Berge, Flüsse und Cañons – die Côte d'Azur ist ein spannendes Terrain für viele Sportarten

Ebenso berühmt sind Touren bei Saorge im Tal des Flusses Roya: *La Maglia* mit der Passage durch eine Grotte *(Dauer: 4 Std. plus 1 Stunde An- und Abmarsch)* oder auch die rund 15 km lange *Bendola Intégrale* mit einem Höhenunterschied von 1400 m, für die zwei Tage anzusetzen sind.

Für Anfänger und Fortgeschrittene ist das Tal des Estéron bei Aiglun mit der *Clue des Mujouls*, der *Clue de St-Auban* und der *Clue d'Aiglun* als Krönung empfehlenswert.

Informationen über das Canyoning im Verdon-Gebiet bekommen Sie beim *Maison des Alpes de Haute-Provence | 8, rue Bad Mergentheim | Digne-les-Bains | Tel. 04 92 31 57 29 | www.alpes-haute-provence.com.* Tourenvorschläge finden Sie in der französischen Broschüre *Descente de Canyon* von B. Gorgeon, E. Olive und P. Todjman. Über Canyoning im Département Alpes-Maritimes informiert der *Conseil Général 06 | Nizza | www.randoxygene.org*, der den Tourenführer *Clues et Canyons* herausgibt.

Golffans haben die Côte d'Azur schon lange für sich entdeckt

GOLF

Golf hat an der Côte d'Azur Tradition. 1891 gründete der russische Großherzog Michael den *Golf Country Club* von Cannes-Mandelieu *(www.golfoldcourse.com | Green Fees 90 Euro/Woche)*. Rund um den Urvater der Golfclubs sind heute 15 Plätze in etwa einer halben Autostunde erreichbar. Die komplette Liste und Kombiangebote für verschiedene Clubs gibt es unter *www.cotedazur-tourisme.com/golf* für das Département Alpes-Maritimes. Für die Golfclubs im Westen von Cannes finden Sie unter *www.golfpass-provence.com* alle nützlichen Informationen.

KLETTERN

Für Extremkletterer in Europa sind die Schluchten des Verdon das Maß aller Dinge. Knapp tausend Strecken aller Schwierigkeitsgrade sind in den grauen und gelben Kalkfelsen eingerichtet. Kultstatus genießt die *Falaise de l'Escalès*, eine 300 m hohe, senkrechte Wand ohne einen einzigen Felsvorsprung zum Ausruhen. Für Anfänger und Fortgeschrittene bieten sich die Sandsteinfelsen von *Annot* oder die roten Wände bei *Roquebrune-sur-Argens* an. Einen Vorgeschmack aufs Hochgebirge geben die Felswände im oberen *Tal des Var*. Infos über den Verdon gibt es beim *Maison des Alpes de Haute-Provence | 8, rue Bad Mergentheim | Digne-les-Bains | Tel. 04 92 31 57 29 | www.alpes-haute-provence.com |*, für die Südalpen beim *Comité Régional du Tourisme Riviera-Côte d'Azur* → S. 115.

Auf den *Vie Ferrate*, den z. T. mit eisernen Stufen, Geländern und Haltegriffen ausgestatteten Klettersteigen, lässt sich Alpinismus, Klettern und Wandern miteinander verbinden. Ohne großes Training, aber mit professioneller Ausrüstung klettern Schwindelfreie sicher steile Felsen hoch, hangeln sich über einen *Pont de Singe*, eine Affenbrücke, über Schluchten. Es empfiehlt sich, für die

SPORT & AKTIVITÄTEN

erste Tour einen Führer zu engagieren. Die **INSIDER TIPP** *Via Ferrata du Baou de la Frema* in Colmiane-Valdeblore (www.colmiane.com) ist für Einsteiger ideal. Die *Via Ferrata des Comtes Lascaris* in Tende führt zu den historischen Wurzeln des Bergdorfs an der Grenze zu Italien. Neu eingerichtet sind die Kletterwege in Peille und Puget-Théniers. Infos bei den lokalen Fremdenverkehrsämtern oder beim *Comité Régional du Tourisme Riviera-Côte d'Azur* → S. 115.

SEGELN & SURFEN

An der Küste liegen sieben Häfen mit mehr als tausend Anlegeplätzen: Hyères, La Londe, Le Lavandou, St-Raphaël, Cannes, St-Laurent-du-Var und Antibes. Informationen gibt es bei der *Fédération Française de Voile (17, rue Henri Bocquillon | 75015 Paris | www.ffvoile.fr)* oder beim Verband der *Stations Nautiques (17, rue Henri Bocquillon | 75015 Paris | www.france-nautisme.com)*. Für Kitesurfer, die mit einem Gleitschirm hoch über dem Meer fliegen, ist das ganze Jahr über Mandelieu eines der großen Zentren *(Air'X Kite | Centre Nautique de Mandelieu | av. du Général de Gaulle | www.airxkite.com)*, aber die fliegenden Bretter sind natürlich auch an den Stränden von Nizza oder Toulon zu sehen. Mit vollem Segel über die Wellen gleitet es sich bestens an den Stränden des *tombolo*, der die Giens-Halbinsel mit Hyères verbindet. Windsurfer aus ganz Europa treffen sich hier ab Ostern, bei Ostwind am Bergerie-Strand im Osten, bei Mistral am Almanarre-Strand im Westen.

TAUCHEN & SCHNORCHELN

Felsenküste, klares Wasser und Fischreichtum locken Taucher und Schnorchler an: Vor der kleinen Insel Port-Cros ist ein **INSIDER TIPP** *Unterwasserweg für Schnorchler* angelegt *(Bureau d'Informations du Parc | Port-Cros | Tel. 04 94 01 40 72)*.

Wer tiefer hinunter möchte, ist an den felsigen Küsten der Halbinsel Giens, der Halbinsel von St-Tropez sowie vor La Napoule und Cannes, aber vor allem in St-Raphaël gut aufgehoben. Vor der Esterel-Küste liegen Dutzende interessanter Schiffs- und Flugzeugwracks auf dem Meeresgrund, manche nicht einmal 20 m unterm Wasserspiegel. Informationen über die knapp 140 lokalen Tauchclubs bekommen Sie bei der *Fédération Française d'Etudes et de Sports Sous-Marins | 24, quai de Rive-Neuve | Marseille | Tel. 04 91 33 99 31)*. Deutsche Infos gibt es unter *www.europeandiving.com*.

WANDERN

Die alten Zöllnerpfade erleben inzwischen als Wanderwege *(sentier littoral)* eine Renaissance. Eine Auswahl der schönsten im Département Var finden Sie in der Broschüre „PR: Le Var, la côte varoise et les îles – les chemins de la découverte" zusammengestellt, die der französische Wanderverband *Fédération Française de la Randonnée Pédestre (Centre d'Information | 14, rue Riquet | Paris | Tel. 01 44 89 93 90 | www.ffrandonnee.fr)* herausgegeben hat. Dort bekommen Sie auch detaillierte Karten für die sechs großen GR, die *Grandes Randonnées*, die in den Alpes Maritimes durch das Gebirge führen.

Eine Fülle von Tipps für kleinere Touren z. B. im Département Alpes-Maritimes, das alle Facetten vom Spaziergang am Meer entlang bis zum Hochalpinismus bietet, gibt es unter *www.randoxygene.org* auf der Webseite des *Conseil Général* in Nizza.

MIT KINDERN UNTERWEGS

Für Kinder ist das Mittelmeer eine einzige große Spielwiese. Und Abenteuerparks, zoologische Gärten und außergewöhnliche Museen machen die Ferien auch dann interessant, wenn es einmal regnen sollte.

Aber nicht nur an der Küste, auch im Hinterland richtet man sich auf die kleinen Kunden ein: Wassersport in Flüssen oder Seen macht dem Nachwuchs Spaß.

MONACO UND UMGEBUNG

JARDIN ANIMALIER MONACO
(129 D6) (*M P2*)

Affen, Schlangen und Jaguare sind die Stars im Park auf den Terrassen von Fontvieille. *Tgl. 10–12, 14–17, im Sommer 9–12, 14–19 Uhr | 4 Euro, Kinder 2 Euro*

MUSÉE OCÉANOGRAPHIQUE
(129 D6) (*M P2*)

Da staunen nicht nur die Kinder, wenn sie das 20 m lange Skelett eines Finnwals im großen Saal des Ozeanografischen Museums sehen. Zum Greifen nah sind auch die Fische hinter den dicken Glasscheiben der Aquarien. *Av. St-Martin | April–Sept. tgl. 9.30–19, Juli/Aug. bis 19.30, im Winter 10–18 Uhr | 14 Euro, Kinder 7 Euro | www.oceano.mc*

NIZZA UND UMGEBUNG

PARC PHOENIX NIZZA
(133 E3) (*M O3*)

Exotische Tiere und Vögel sowie tropische Pflanzen finden ihren Platz in einem der größten Gewächshäuser Europas.

Strandleben, Abenteuerparks und Museen machen die Côte d'Azur zu einer riesigen Spielwiese für Kinder

Eine schöne Abwechslung für Kinder, die eine Pause vom Strandleben brauchen. *405, promenade des Anglais | tgl. 9.30–19, im Winter bis 17 Uhr | 2 Euro, Kinder bis 12 Jahre gratis*

PITCHOUN FOREST (133 D3) (*03*)
„Pitchoun" ist das französische Wort für die Kleinen. Für Kinder im Alter zwischen 3 und 10 Jahren gedacht ist der Abenteuerparcours auf Brücken, Stämmen und Ästen in einem richtigen Wald. Keine Angst, Stürze kann es auf den vier Varianten mit bis zu 4 m Höhe nicht geben, weil der Nachwuchs gut abgesichert wird. *Geöffnet Mitte Febr.–Mitte Nov., Juli/Aug. tgl. 10–17, sonst Sa, So und franz. Schulferien 10–16 Uhr | 2559, route de Grasse | Villeneuve-Loubet | www.azur-labyrinthe.com | 15 Euro.* Auch für Erwachsene ist gleich nebenan das Abenteuerlabyrinth mit insgesamt 4 km Strecke im Heckengewirr aufgebaut. *Labyrinthe de l'Aventure | April–Mitte Nov., Juli/Aug. tgl. 10–17, sonst Sa, So und franz. Schulferien 10–16 Uhr | www.lelabyrin*

thedelaventure.com | ab 12 Jahren 10,50 Euro, 4–11 Jahre 8,50 Euro

CANNES UND UMGEBUNG

MARINELAND ANTIBES
(133 D4) (*O3*)
In diesem großen Vergnügungspark bei Antibes sind Delphine, Orkas, Pinguine

Ein riesiges Vergnügen: Marineland in Antibes

und Haie in riesigen Becken zu bewundern *(tgl. 10–18, im Sommer teils bis 24 Uhr | 36 Euro, Kinder von 3–12 Jahren 28 Euro)*. Besondere Attraktion ist die Orca-Show. Weitere Anziehungspunkte sind *Adventure Golf*, ein Minigolfplatz *(Mi, Sa, So 10–19 Uhr | 11 Euro, Kinder 9 Euro)* und *La Petite Ferme*, ein Bauernhof *(tgl. 10–17 Uhr | 13 Euro, Kinder 10 Euro)*. Spezialtarife für Kombi-Angebote. Auskunft: *Marineland | www.marineland.fr*

VISIOBULLE (133 D4) (*O4*)
Eine Bootsfahrt ist an sich schon eine nette Kinderattraktion, aber dank des gläsernen Bodens dieses Schiffs kommen Ihrem Nachwuchs eine gute Stunde lang auch noch die Fauna und Flora des Meeresbodens rund um das Cap d'Antibes zum Greifen nahe. *Juli/Aug. 9.25, 10.40, 11.55, 14, 15.25, 16.50, 18.50, April–Sept. 11, 13.30, 15, 16.30 Uhr | Bd. Charles Guillaumont | gegenüber vom Office de Tourisme | Juan-les-Pins | www.visiobulle.com | 13 Euro, Kinder 6,50 Euro*

DIE WESTLICHE KÜSTE

AQUALAND FRÉJUS (132 A6) (*L5*)
Wenn Meer und Sand nicht mehr genug sind: Das Aqualand ist eins der größten Spaßfreibäder der Region an der RN 98 bei Fréjus. *RN 98 | Juni–Sept. tgl. 10–18, Juli/Aug. bis 19 Uhr | 25 Euro, Kinder unter 1 m Eintritt frei, über 1 m 18,50 Euro | www.aqualand.fr*

JARDIN OLBIUS-RIQUIER
(134 C5) (*H7*)
Der Park war einst eine Außenstelle des Pariser Instituts für die Akklimatisierung von exotischen Pflanzen, gehört aber seit 1868 der Stadt Hyères. Rund um einen Teich wachsen Palmen, Bananenbäume, Kakteen und duftende Blumen, zu sehen sind außerdem exotische Vögel. Auf dem gut 7 ha großen Gelände gibt es Kinderspielplätze, einen Pony-Club, eine Cafeteria und einen Minizoo. *Tgl. 7.30–20, im Winter bis 17.30 Uhr | av. Ambroise Thomas | www.ville-hyeres.fr | Eintritt frei*

SAFARIPARK FRÉJUS (132 A5) (*L5*)
5 km nördlich der Stadt leben Raubkatzen, Elefanten, Affen, aber auch Flamingos, Geier und Papageien. *Tgl. 10–17, im Sommer bis 18 Uhr | 14,50 Euro, Kinder bis 9 Jahre 10 Euro | www.zoo-frejus.com*

MIT KINDERN UNTERWEGS

VILLAGE DES TORTUES GONFARON
(134 C3) (*J6*)

Am Fuß des Massif des Maures leben Hunderte von Hermann-Landschildkröten unter wissenschaftlicher Betreuung in der freien Natur. *März–Ende Nov. tgl. 9–19 Uhr | 2 km außerhalb des Dorfs Gonfaron an der D 75 | www.villagetortues.com| 8 Euro, Kinder 5 Euro*

DAS HINTERLAND

COLMIANE FOREST (128 B2) (*O*)
Nahe der Via Ferrata in Colmiane-Valdeblore liegt der erste Abenteuerwald im Département Alpes-Maritimes mit 30 verschiedenen Übungen zum Felsenklettern. Für Kinder ab 5 Jahren gibt es einen speziellen Parcours. *Im Sommer tgl. 9–17 Uhr | www.colmiane.com | 18 Euro, Kinder 8–12 Jahre 15 Euro, 5–7 Jahre 11 Euro*

KAJAKFAHREN AUF DEM VERDON
(130 C2) (*H2*)

Am Ausgang der Verdon-Schlucht bei Moustiers-Ste-Marie und auf dem Stausee Ste-Croix gibt das Wassersportzentrum *Station Voile* Kajakunterricht für Anfänger und Kinder. Auskunft: *Maison des Alpes de Haute-Provence | 8, rue Bad Mergentheim | Digne-les-Bains | Tel. 04 92 31 57 29 | www.alpes-haute-provence.com;* Auskunft zu Tretboot- und Kanuverleih: *MYC Plage (Mai–Sept. plage du Galetas | Tel. 04 94 70 22 28), La Cadeno (Club Nautique St-Saturnin), Moustiers-Ste-Marie (Tel. 04 92 74 60 85 | lacadeno.free.fr)*

KANUFAHREN IN BREIL-SUR-ROYA
(129 E4) (*O1*)

In Breil-sur-Roya ist der Wildwasserfluss aufgestaut – eine ideale Trainingsfläche für Kinder. Auskunft: *Office du Tourisme | pl. Biancheri | Tel. 04 93 04 99 76 | www.breil-sur-roya.fr*

SCENOPARC ALPHA (128 C2) (*O*)
Im Mercantour-Nationalpark in den Alpes Maritimes dreht sich alles um den Wolf. Ein 1,2 km langer Spaziergang mit lauter spielerischen Informationen führt durch ein Reservat. *Le Boréon St-Martin-Vésubie | Sommer tgl 10–18, sonst Mi, Sa, So 10–17 Uhr, Nov.–Weihnachten geschl. | 12 Euro, Kinder 4–12 Jahre 10 Euro | www.alpha-loup.com*

Süßwasser-Matrosen: Auf dem Lac de Ste-Croix können Kinder Kajakfahren lernen

EVENTS, FESTE & MEHR

Im Sommer jagt ein Festival das andere, das Frühjahr wird schon im Februar mit verschwenderischer Blütenpracht eingeläutet, im Herbst und Winter stehen die Volksfeste in den Dörfern des Hinterlandes im Zeichen von Gastronomie und Natur.

FEIERTAGE

1. Jan. *Neujahr;* Ostermontag; **1. Mai** *Tag der Arbeit;* **8. Mai** *Kriegsende 1945;* Christi Himmelfahrt; **14. Juli** *Nationalfeiertag in Frankreich;* **15. Aug.** *Mariä Himmelfahrt;* **1. Nov.** *Allerheiligen;* **11. Nov.** *Waffenstillstand 1918;* **19. Nov.** *Staatsfeiertag in Monaco;* **25. Dez.** *Weihnachten*

FESTE & VERANSTALTUNGEN

JANUAR

▶ *Rallye Monte-Carlo:* Seit 1911 der Jahresauftakt für den Motorsport mit spektakulären Bergetappen im Hinterland

▶ *Fête de St-Marcel in Barjols:* Altes provenzalisches Volksfest zu Ehren des hl. Marcellus im Hinterland des Haut-Var mit Musik, Umzug und Gottesdienst. Am Wochenende um den 16. Januar wird seit dem 14. Jh. ein Ochse geopfert.

▶ *Zirkusfestival in Monaco:* Die fürstliche Familie holt für eine Woche die besten Akrobaten und Clowns unter die Zirkuskuppel am Mittelmeer.

▶ *Midem in Cannes:* Internationale Messe Ende Januar im Festivalhaus für Unterhaltungsmusik mit Dutzenden von Pop- und Rockkonzerten in der Stadt

FEBRUAR

▶ **INSIDER TIPP** *Mimosenfest in Bormes-les-Mimosas:* Seit 1920 feiert das Dorf am dritten Sonntag im Februar die gelbe Blütenpracht der Mimosen und den Frühlingsanfang mit Blumenkorso und Volksfest.

▶ *Mimosenfest in Mandelieu-La-Napoule:* Die Doppelstadt ist stolz darauf, für ihr zehntägiges Mimosenfest ausschließlich heimische Blüten zu verwenden. Korso, Volksfest und Ausflüge in den Mimosenwald

▶ *Karneval in Nizza:* 3 Wochen lang im Februar Trubel. Jeden Tag Blumenschlachten, Konzerte, Straßentheater und eine riesige Technoparty

▶ *Zitronenfest in Menton:* Nach dem Karneval von Nizza das zweitgrößte Fest an der Côte d'Azur. Die ganze Stadt steht 3 Wochen lang im Zeichen von Zitronen und Orangen: Blumenschlachten, Paraden und Bälle für 200 000 Besucher

Den Festekalender der Côte d'Azur zeichnet vor allem eins aus: die kuriose Mischung aus Kirchweih, Karneval und Formel-1

MÄRZ
▶ *Funboard-Weltcup in Hyères:* Erste Regatta der Surfer Anfang März an den beiden Stränden zwischen Hyères und der Halbinsel von Giens

MAI/JUNI
▶ *Filmfestspiele von Cannes:* Seit 1946 im Mai das internationale Treffen der Großen des Films
▶ *Grand Prix von Monaco:* Das einzige Formel-1-Autorennen, das mitten in einer Stadt ausgetragen wird
▶ *Bravade in St-Tropez:* Prozession und Volksfest zu Ehren des Stadtheiligen, des hl. Torpes, Mitte Mai
Am 15. Juni ▶ *Spanier-Bravade in St-Tropez*, Fest zum Gedenken an den Sieg über die spanische Flotte 1637

JULI
▶ *Jazz à Juan:* Seit über 40 Jahren geht im Stadtwald von Juan-les-Pins das von Saxofonist Sidney Bechet gegründete, internationale Jazzfestival über die Bühne.
▶ *Jazzfestival Nizza:* Mitten in der Stadt, im Park Albert I. nur ein paar Schritte vom Meer entfernt, geben sich in der zweiten Julihälfte die Weltstars des Jazz ein Stelldichein.

AUGUST
▶ *Jasminfest in Grasse:* Anfang August dreht sich eine Woche lang alles um die duftende Pflanze.

SEPTEMBER
▶ *Monaco Yacht Show:* Die Messe für die größten und verrücktesten Yachten Europas zieht jede Menge Besucher an. Ende September

OKTOBER
▶ *Les Voiles de St-Tropez:* Regatta im Golf von St-Tropez. Anfang Oktober

DEZEMBER
▶ *Hirtenweihnacht in Lucéram:* Weihnachten feiern nach alter Tradition mit den Hirten im Hinterland von Nizza

ICH WAR SCHON DA!

Drei User aus der MARCO POLO Community verraten ihre Lieblingsplätze und ihre schönsten Erlebnisse

PER ZUG NACH ANTIBES

Als besonderen Tipp für andere Côte-d'Azur-Urlauber können wir die Fahrt mit dem Regionalzug weitergeben. Da wir nach Nizza geflogen waren, dachten wir, ohne Mietwagen kämen wir nicht weit – doch am Bahnhof erfuhren wir, dass man mit dem Regionalzug (TER) für ein paar Euro zwischen den schönen Küstenstädten Monaco und Saint-Raphaël pendeln kann. Und wenn wir spontan an irgendeiner Haltestelle ausgestiegen sind, haben wir manchmal sogar noch einsame Strände und günstige kleine Restaurants entdeckt, z. B. in Beaulieu-sur-Mer. Absolut super und sehr empfehlenswert. **Regenbogen33 aus Brühl**

ALTSTADT VON NIZZA

Französische Bekannte hatten uns das kleine Restaurant „Le Festival de la Moule" direkt am Marché des Fleurs in Nizzas Altstadt empfohlen (20, Cours Saleya). Und ich kann sagen: wir wurden absolut nicht enttäuscht. Muscheln mit Pommes all you can eat: Lecker und zu einem unschlagbaren Preis! Wir kommen gerne wieder :-) **ToKi aus Stuttgart**

PARFUMFABRIK

In Grasse hat mir besonders die alte Parfumfabrik Fragonard gefallen (20, bd. Fragonard). Auf der kostenlosen Führung erfuhr ich viel Interessantes über die Herstellung des Parfums. Im Anschluss habe ich ein ganz besonderes Duftwässerchen und wunderschöne Souvenirs im Shop erstanden. **Tanja83 aus Köln**

Haben auch Sie etwas Besonderes erlebt oder einen Lieblingsplatz gefunden? Schreiben Sie an unsere SMS-Hotline 0163 6 39 50 20 oder an info@marcopolo.de

EIGENE NOTIZEN

LINKS, BLOGS, APPS & MORE

LINKS

▶ www.nicerendezvous.com Ein kleiner Verlag in Nizza zeichnet verantwortlich für diese Seite mit einer Fülle von nützlichen Informationen über die Geschichte, die Küche oder die Gastronomie von Nizza und der Côte d'Azur

▶ www.cfaprovence.com Das deutsch-französische Kulturzentrum in Aix-en-Provence (Centre Franco-Allemand de Provence) stellt auf seiner Internetseite die wichtigsten Kulturveranstaltungen in ganz Südfrankreich vor und bietet eine Fülle von nützlichen Adressen

▶ www.nice.matin.com, www.varmatin.com Die beiden großen Tageszeitungen der Region, die praktisch die gesamte Côte d'Azur abdecken, sind mit Nachrichten, Bildern und Videos im Netz vertreten

▶ www.marcopolo.de/cotedazur Spezielle News, Lesermeinungen und Angebote zur Côte d'Azur

BLOGS & FOREN

▶ electrolibre.nicematin.com/ Laura Fournier, Journalistin der Tageszeitung Nice-Matin, gibt einen Überblick über junge Musik an der Côte d'Azur, mit Konzerttipps, Kritiken und Hörbeispielen

▶ frankreich.germanblogs.de/ In dem Internetportal finden Sie viele Reiseberichten über Ziele in ganz Frankreich in deutscher Sprache, ein großes Archiv und Links zu französischen Publikationen. Gute Auswahl von Berichten über die Côte d'Azur

▶ www.ben-vautier.com Anfang der 1960er-Jahre gründete Benjamin Vautier mit Künstlerkollegen in Deutschland die Fluxus-Bewegung mit Happenings und Performances. Der Künstler aus Nizza, der im Musée d'Art Contemporain einen eigenen Saal bekommen hat, verliert auch im Alter nichts von seiner Lust am Spiel mit Farben, Formen und Buchstaben. Diese Site ist ein Leckerbissen für (französischsprachige) Kunstfreunde, die Spaß am Sehen (und Hören) haben

Egal, ob Sie sich vorbereiten auf Ihre Reise oder vor Ort sind: Mit diesen Adressen finden Sie noch mehr Informationen, Videos und Netzwerke, die Ihren Urlaub bereichern. Da manche Adressen extrem lang sind, führt Sie der kürzere mp.marcopolo.de-Code direkt auf die beschriebenen Websites

VIDEOS, STREAMS & PODCASTS

▶ mp.marcopolo.de/cot1 Gut gemachte Videos über Saint-Tropez und seine Bucht vom lokalen Verkehrsamt, das außer einem 15-Minuten-Film rund 25 kleinere Reportagen im Programm hat

▶ mp.marcopolo.de/cot2 Hier präsentiert sich der Strandclub Nikki Beach in Saint-Tropez (route de l'Epi) mit seinen Motto-Partys und Modeschauen in grenzenlosem Überfluss

▶ mp.marcopolo.de/cot3 In kleinen Videofilmen und Fotogalerien stellen sich die Dörfer der Provence Verte rund um Cotignac vor

▶ mp.marcopolo.de/cot4 Lauter informative Filme über Städte und Dörfer der Küste auf der Homepage des Comité Régional du Tourisme Riviera-Côte d'Azur

APPS

▶ Monaco iPhone Guide Den Reiseführer in englischer Sprache über Monaco mit einer Fülle von Informationen können Sie gratis von der offiziellen Monaco-Homepage www.visitmonaco.com herunterladen

▶ Saint.Tropez Natürlich ist Saint-Tropez der geeignete Flecken für Apps. Dieser sogenannte Magazin-Guide bietet in englischer Sprache eine Menge Infos für die einstige Jetset-Hochburg – Hotel- und Restauranttipps, Shops und Strände, Bildergalerien und vieles mehr

▶ Nice Aéroport Alle Informationen über den Flughafen von Nizza können Sie sich mit dieser App auf Ihr Smartphone laden – Ankunft- und Abflugzeiten, aktuelle Änderungen und nützliche Nummern rund um Ihren Flug

NETWORK

▶ mp.marcopolo.de/cot6 Erfahrungsaustausch und nützliche Tipps rund um die Côte D'Azur: Welche Transportmittel sind die verlässlichsten, welche Unterkünfte besonders billig und welcher Strand ist auf keinen Fall zu empfehlen

▶ www.qype.com Die Côte d'Azur ist mittlerweile auf den Seiten der Internetgemeinschaft gut vertreten. Es gibt viele Beiträge über Sehenswürdigkeiten, Hotels oder Restaurants in Nizza, Saint-Tropez, Cannes, Monaco, aber auch über Kunst in Vence oder Antibes

PRAKTISCHE HINWEISE

ANREISE

🚗 Aus Deutschland führt die schnellste Route über Karlsruhe–Freiburg–Mulhouse–Lyon–Aix-en-Provence. Mehr Zeit braucht die Strecke Basel–Genf–Grenoble und die Route Napoléon über Digne-les-Bains und Grasse an die Küste. Urlauber aus Bayern und Österreich können die Côte d'Azur auch über die Brenner-Autobahn, dann über Mailand und Genua erreichen. Auf den französischen *(péage)* und italienischen Autobahnen sowie über den Brenner werden Mautgebühren erhoben; auf den Schweizer Autobahnen zahlt man eine Jahresgebühr für die Vignette. In der französischen Sommerferienzeit Mitte Juli bis Mitte August ist es ratsam, den Samstag als Anreisetag zu vermeiden. Dann sind kilometerlange Staus die Regel. Im Sommer verkehren Autozüge von Hamburg und Düsseldorf über Avignon nach Fréjus an der Côte d'Azur. Avignon ist auch das Ziel der Autozüge aus Berlin und Hildesheim *(www.dbautozug.de)*.

🚆 Zwischen Fréjus und Menton verläuft die Bahnlinie Marseille–Toulon–Genua immer entlang der Küste. Hyères ist durch eine Stichbahn mit Toulon verbunden. Die zeitlich schnellste Strecke ist jene über Paris; von dort braucht der Hochgeschwindigkeitszug TGV weniger als 3 Std. bis Marseille, von dort geht es weiter nach Toulon, Les Arcs und St-Raphaël bis nach Nizza. Für den TGV sollten Sie auf jeden Fall reservieren *(www.tgv-europe.de)*. Länger dauert die Bahnfahrt über Basel, Genf und Lyon oder über Mailand, Turin und Genua. Zwischen Grasse und Cannes verkehrt der Regionalzug (TER) und verbindet das Hinterland direkt mit der Côte d'Azur bis nach Nizza.

✈ Zentraler Flughafen ist Nice-Côte d'Azur *(www.nice.aeroport.fr)*, den alle großen Airlines ansteuern, auch die Billigflieger mit Direktverbindungen nach Berlin, Köln, Düsseldorf, Frankfurt/Main, Hamburg, München, Wien, Basel, Genf und Zürich. Direkt am Flughafen starten die Busse von *Phocéens Cars* (Tel. 04 93 85 66 61) mehrmals am Tag nach Le Cannet, Mandelieu, Fréjus, Le Muy, Brignoles und Marseille. Erste Billigairlines fliegen inzwischen auch den Regionalflughafen Toulon-Hyères *(www.aeroport.var.cci.fr)* an, aber es gab bei Redaktionsschluss noch keine Linienflüge nach Deutschland.

GRÜN & FAIR REISEN

Auf Reisen können auch Sie mit einfachen Mitteln viel bewirken. Behalten Sie nicht nur die CO_2-Bilanz für Hin- und Rückflug im Hinterkopf *(www.atmosfair.de)*, sondern achten und schützen Sie auch nachhaltig Natur und Kultur im Reiseland *(www.gate-tourismus.de; www.zukunftreisen.de; www.ecotrans.de)*. Gerade als Tourist ist es wichtig, auf Aspekte zu achten wie Naturschutz *(www.nabu.de; www.wwf.de)*, regionale Produkte, Fahrradfahren (statt Autofahren), Wassersparen und vieles mehr. Wenn Sie mehr über ökologischen Tourismus erfahren wollen: europaweit *www.oete.de*; weltweit *www.germanwatch.org*

Von Anreise bis Zoll

Urlaub von Anfang bis Ende: die wichtigsten Adressen und Informationen für Ihre Côte-d'Azur-Reise

AUSKUNFT

FRANZÖSISCHE ZENTRALE FÜR TOURISMUS (ATOUT FRANCE)
– Postfach 100128 | 60001 Frankfurt/Main | de.franceguide.com
– Argentinierstr. 41a | 1040 Wien | Tel. * 0900 25 00 15 | at.franceguide.com
– Rennweg 42 | Postfach 3376 | 8021 Zürich | Tel. 04 42 17 46 00 | ch.franceguide.com

COMITÉ RÉGIONAL DU TOURISME RIVIERA – CÔTE D'AZUR
455, promenade des Anglais | 06203 Nice Cedex 03 | Tel. 04 93 37 78 78 | www.cotedazur-tourisme.com

COMITÉ RÉGIONAL DU TOURISME PROVENCE-ALPES – CÔTE D'AZUR
Maison de la Région | 61, La Canebière | 13231 Marseille Cedex 01 | Tel. 04 91 56 47 00 | www.decouverte-paca.fr

MAISON DES ALPES DE HAUTE-PROVENCE
Immeuble François Mitterrand | 8, rue Bad Mergentheim | 04005 Digne-les-Bains | Tel. 04 92 31 57 29 | www.alpes-haute-provence.com

VAR TOURISME
1, bd. de Strasbourg | 83093 Toulon Cedex | Tel. 04 94 18 59 60 | www.visitvar.fr

AUTO

Höchstgeschwindigkeit: Auf Autobahnen gilt 130, bei Regen 110 km/h, auf National- und Départementstraßen (N, D) 90, bei Regen 80 km/h, in Ortschaften 50 km/h. Vorsicht: Die Küstenstraßen sind in der Hauptsaison sehr stark befahren. Die Polizei kontrolliert ausgesprochen streng und verhängt hohe Geldbußen. Die Promillegrenze liegt bei 0,5.
Im Fall einer Panne: Das Abschleppen (dépanneur-remorqueur) vermittelt entweder die Polizei oder Sie rufen ein Unternehmen über die Notrufsäule oder unter Rufnummer 17. Bei einem Verkehrsunfall muss die Polizei nur bei Personenschäden eingreifen. Nehmen Sie unbedingt die grüne Versicherungskarte mit.

BANKEN & KREDITKARTEN

Banken haben vorwiegend Mo–Fr 8.30–12 und 14–17 Uhr geöffnet. Geldautomaten finden Sie fast in jedem Ort. Kreditkarten werden außer in großen Hotels und Restaurants auch in vielen Geschäften, Supermärkten, an Autobahnzahlstellen (péage) und Tankstellen angenommen.

BRANDSCHUTZ

Wegen der alljährlichen Waldbrände im Sommer gibt es drastische Sicherheitsvorschriften für den Brandschutz an der Côte d'Azur. Von Juli–Mitte Sept. können gefährdete Gebiete wie der Esterel oder das Massif des Maures auch für Wanderer komplett gesperrt werden, wenn starker Wind und Trockenheit die Feuergefahr in den Wäldern erhöhen. Unter Tel. 04 98 10 55 41 gibt es im Sommer Warnungen in französischer Sprache für das Département Var, die Internetseite ddaf.cdig-83.org informiert über Risikogebiete, Informationen erteilen zudem die lokalen Verkehrsämter.

CAMPING

Den regionalen Campingführer bekommen Sie beim entsprechenden *Comité Régional de Tourisme* oder in den Verkehrsämtern der einzelnen Orte. Den *Guide Officiel Camping Caravaning* gibt es bei der *Groupe Motor Presse France (12, rue Rouget de Lisle | Issy-les-Moulineaux | Tel. 01 41 33 37 37)*. Sie können ihn auch einsehen unter *www.campingfrance.com*. Immer mehr Campingplätze legen Wert auf Umweltschutz: So sind bei *Parc et Plage (28, rue des Langoustiers | Hyères, Tel. 04 94 66 31 77 | www.parc-plage.com)* Autos komplett aus dem Innenbereich verbannt. Gäste werden mit Elektromobilen zum Mobilhome oder zum Stellplatz gefahren. Die Anlage mit ihren Bäumen, Blumen und Büschen wird mit Bio-Produkten gepflegt, Energiesparlampen sind Standard.

DIPLOMATISCHE VERTRETUNGEN

DEUTSCHES KONSULAT
34, av. Henri Matisse | Nizza | Tel. 04 93 83 55 25

ÖSTERREICHISCHES KONSULAT
6, av. de Verdun | Nizza | Tel. 04 93 87 01 31

SCHWEIZER KONSULAT
7, rue d'Arcole | Marseille | Tel. 04 96 10 14 10

FAHRRADVERLEIH

Mietfahrräder gibt es mittlerweile auch in Nizza. Zwar lässt das Radwegenetz noch zu wünschen übrig, aber die 1200 Räder, die mit der Kreditkarte an 120 Stationen in der Engelsbucht gemietet werden können, sind immerhin ein Anfang *(www.velobleu.org)*. 5 Euro kostet das Kurzabo für 7 Tage, das 30 Minuten pro Tag beinhaltet, jede weitere Stunde kostet 1 Euro. Fahrräder mit Elektromotor vermietet *Eco-Loc (Parking Wilson | am Hafen | Villefranche-sur-Mer | Tel. 06 66 92 72 41 | www.ecoloc06.fr)* zu relativ hohen Preisen *(7 Euro für 1 Std., 30 Euro für 1 Tag)*.

GESUNDHEIT

Deutsche und österreichische Versicherte müssen zunächst für medizinische Hilfe bezahlen, bekommen ihre Auslagen aber nach den Gesetzen des Heimatlandes erstattet. Die neue europäische Gesundheitskarte wird von Ärzten in Frankreich (noch) nicht anerkannt, weil die französischen Kartenlesegeräte nur auf einheimische Plastikausweise reagieren.

INTERNETCAFÉS

In allen großen Städten, aber auch in den Dörfern des Hinterlands gibt es Internetcafés wie *Come N' Clic (75, av. de Cannes | Mandelieu | Tel. 04 93 48 92 91 | www.comenclic.com)* oder *Via Fun (87, av. de Nice | Cagnes-sur-Mer | Tel. 04 93 07 01 44 | www.viafun.fr)*.
Über Internetanschlüsse verfügen die meisten Hotels, WLAN-Hotspots, die in Frankreich *Wi-Fi (Wireless Fidelity)* genannt werden, sind zumindest an der Küste keine Seltenheit mehr, gehören in vielen Hotels und in den Yachthäfen zwischen Hyères und Nizza zur Standardausstattung.

JUGENDHERBERGEN

Für die Herbergen in Städten wie Menton, Fréjus oder auf dem Cap d'Antibes brauchen Sie einen internationalen Jugendherbergsausweis. Auskunft: *Deutsches Jugendherbergswerk | Bismarckstr.*

PRAKTISCHE HINWEISE

8 | 32756 Detmold | Tel. 05231 740 10 | www.jugendherberge.de

NOTRUF

Europäischer Notruf: 112

ÖFFENTLICHE VERKEHRSMITTEL

Ohne Auto kann es bisweilen recht schwierig werden, sich an der Côte d'Azur fortzubewegen, vor allem im Hinterland. An der Küste funktionieren die öffentlichen Verkehrsmittel (Bus und Bahn) ganz gut, auch wenn die Lektüre der Fahrpläne und Tarife für nicht französisch sprechende Besucher kompliziert ist. In Nizza fährt seit 2007 wieder eine Straßenbahn *(tramway)*.
Lichtblick auch für Einheimische sind die *Transports Alpes-Maritimes* (TAM). Auf den rund 60 TAM-Buslinien im Département *(www.cg06.fr)* gilt für jede Fahrt der Einheitstarif von 1 Euro. Haltestellen gibt es z. B. in Grasse, Cannes, Antibes, Menton, Nizza, aber auch in den Dörfern des Hinterlands.

ÖFFNUNGSZEITEN

Die Geschäfte in den Innenstädten sind meist *Mo–Sa* von *9–19 Uhr* geöffnet, auch wenn manche Ladenbesitzer den Montag als Ruhetag nehmen. Dagegen sind die großen Supermärkte in den Einkaufszentren vor den Toren der Städte wie Nizza, Antibes oder Toulon, aber selbst in Vence, Grasse oder Fréjus mit ihren Tankstellen und Boutiquen *Mo–Sa* bis 21 oder sogar 22 Uhr offen. Weil Frankreich das früher geltende Verkaufsverbot an Sonntagen besonders in Touristenregionen gelockert hat, sind gerade an der Côte d'Azur viele Geschäfte das ganze Wochenende über geöffnet. In den großen Städten verkaufen am Sonntagmorgen ohnehin viele Bäckereien, Metzgereien und Lebensmittelgeschäfte ihre Waren.

POST

Briefe und Postkarten in EU-Länder kosten 0,70 Euro. Monaco gibt eigene Briefmarken heraus. Die Postämter sind meist *Mo–Fr 9–12* und *14–17, Sa 9–12 Uhr* geöffnet. Briefmarken bekommen Sie aber auch im Tabakgeschäft oder beim Kauf der Postkarte.

PRIVATUNTERKUNFT

Private Gästezimmer sind eine oft preiswerte Alternative zu den Hotels an der Côte d'Azur. Gute Qualität bieten die sogenannten *chambres d'hôtes*, das französische Pendant zum englischen Bed & Breakfast, zu buchen über *Maison des Gîtes de France (59, rue St-Lazare | 75009 Paris | Tel. 01 49 70 75 75 | www. gites-de-france.fr)*. Die lokalen Verkehrsämter haben noch mehr Adressen für die *chambres d'hôtes*. Weitere Dachverbände für Gästezimmer in Südfrankreich sind *Fleurs de Soleil (www.fleursdesoleil. fr)* oder *Clévacances (www.clevacances. com)*.
Sehr beliebt sind in Frankreich Ferienwohnungen auf dem Land *(gîte rural)* oder für Gruppen *(grands gîtes)*, die normalerweise erst ab einer Mietzeit von einer Woche gebucht werden können. Größter französischer Anbieter für Ferienimmobilien ist *Pierre & Vacances (www.pierre-et-vacances.de)*, zu den größten deutschen Anbietern gehören *Inter-Chalet (www.interchalet.com)* oder *Maron Kutschank (www.meer-provence. de)*. Interessante Angebote von Privatleuten finden sich unter *www.homelidays. com* im Internet.

RAUCHEN

Wie fast überall in Europa gilt auch in Frankreich seit Januar 2007 das Rauchverbot in allen öffentlich zugänglichen Gebäuden. Entgegen aller Erwartungen wird das Gesetz auch in Restaurants und Bars beachtet. Toleriert wird die Zigarette noch auf den Terrassen von Straßencafés, die an der Côte d'Azur auch im Winter geöffnet und zum Teil sogar mit Gaslaternen beheizt sind.

REISEZEIT

Die beste Reisezeit für die Côte d'Azur sind Frühjahr und Herbst. In der Zeit der französischen Sommerferien von Anfang Juli bis Ende August ist die Region völlig überlaufen. Die Preise vor allem für Unterkünfte sinken ab Anfang September, wenn für die Franzosen die *rentrée,* also der Alltag nach dem Sommer beginnt, die Hitze nicht mehr so drückend ist, die Wassertemperaturen aber immer noch ein Bad im Mittelmeer möglich machen. Empfehlenswert ist die Côte d'Azur vor allem an Pfingsten, wenn die Einheimischen nur ganz wenige Tage Ferien haben.

Wunderschön ist die Region im Winter, wenn im Januar die ersten Mimosenblüten ein Signal dafür sind, dass die kalte Jahreszeit ihren Schrecken verliert. Gerade in den Hochburgen der Côte wie Nizza, Cannes und Antibes liegen die Preise selbst in Vier-Sterne-Hotels im Januar zum Teil 50 % unter dem Tarif für den Rest des Jahres.

STROM

Manche deutschen Geräte passen nicht in ältere französische Stecker, ein Adapter ist notwendig.

TELEFON & HANDY

Telefonzellen sind fast alle auf Karten umgestellt, die es in der Post und in Tabakläden gibt. Telefonate nach Hause: Deutschland 0049, Österreich 0043, Schweiz 0041. Vorwahl nach Frankreich: 0033, die Rufnummer ohne „0" vorweg (innerhalb Frankreichs gibt es keine Vorwahl). Vorwahl Monaco: 00377.

Die Franzosen nennen das Handy *portable*. Es gibt drei große Anbieter, *Cegetel (www.sfr.fr), Orange (www.orange.com | mit deutscher Seite)* und *Bouygues (www.bouyguestelecom.fr)*. Außerhalb der Städte gibt es manchmal kein Netz.

TIERE

In Frankreich gibt es keine Hundesteuer. Sie können Ihr Haustier an die Côte d'Azur mitnehmen, wenn es mindestens drei Monate alt, gegen Tollwut geimpft ist und eine Marke trägt. Empfehlenswert ist der europäische Heimtierpass. Fragen Sie bei der Hotelreservierung auf jeden Fall, ob Hunde akzeptiert werden. Normalerweise ist ein Aufpreis fällig.

WAS KOSTET WIE VIEL?

Parfum	Ab 30 Euro	für einen Duft aus Grasse im 30-ml-Flakon
Kaffee	Ab 1,30 Euro	für einen Espresso
Strandliege	19 Euro	pro Tag in Nizza
Wein	Ab 4 Euro	für eine Karaffe (0,5 l)
Benzin	Um 1,50 Euro	für 1 l Super
Imbiss	2,20 Euro	für ein Käsesandwich

PRAKTISCHE HINWEISE

TRINKGELD

Sie können dasselbe Trinkgeld *(pourboire)* geben wie zu Hause.

TRINKWASSER

Das Leitungswasser kann ohne Bedenken getrunken werden. In Restaurants ziehen viele Einheimische die *carafe d'eau* teurem Mineralwasser vor. In vielen Städten und Dörfern gibt es öffentliche Brunnen mit Trinkwasser *(eau potable)*.

ZEITUNGEN

Die größten regionalen Tageszeitungen sind *Nice Matin* und *Var Matin* mit guten Veranstaltungskalendern. In allen größeren Orten gibt es deutschsprachige Zeitungen und Zeitschriften. Eine Besonderheit ist die in Drap bei Nizza monatlich erscheinende *Riviera-Côte-d'Azur-Zeitung* (www.rczeitung.com) in deutscher Sprache mit vielen praktischen Informationen.

ZOLL

Innerhalb der EU dürfen Waren für den persönlichen Bedarf frei ein- und ausgeführt werden; Richtwerte hierfür sind u. a. 800 Zigaretten, 90 l Wein, 10 l Spirituosen über 22 Prozent. Für Schweizer gelten deutlich geringere Mengen. www.zoll-d.de

WETTER IN NIZZA

	Jan.	Feb.	März	April	Mai	Juni	Juli	Aug.	Sept.	Okt.	Nov.	Dez.
Tagestemperaturen in °C	13	13	15	17	20	24	27	27	25	21	17	13
Nachttemperaturen in °C	4	5	7	9	13	16	18	18	16	12	8	5
Sonnenschein Stunden/Tag	5	6	6	8	9	10	12	11	9	7	5	5
Niederschlag Tage/Monat	7	6	6	7	6	3	2	3	6	8	8	7
Wassertemperaturen in °C	13	12	13	14	16	20	22	23	21	19	16	14

SPRACHFÜHRER FRANZÖSISCH

AUSSPRACHE

Zur Erleichterung der Aussprache sind alle französischen Wörter mit einer einfachen Aussprache in eckigen Klammern versehen.

AUF EINEN BLICK

ja/nein/vielleicht	oui [ui]/non [nong]/peut-être [pöhtätr]
bitte/danke	s'il vous plaît [ßil wu plä]/merci [märßih]
Gute[n] Morgen/Tag!/Abend!/Nacht!	Bonjour! [bongschuhr!]/Bonjour! [bongschuhr!]/Bonsoir! [bongßoar!]/Bonne nuit! [bonn nüi!]
Hallo!/Auf Wiedersehen!/Tschüss!	Salut! [ßalü!]/Au revoir! [o rövoar!]/Salut! [ßalü!]
Entschuldigung!	Pardon! [pardong]
Ich heiße ...	Je m'appelle ... [schö mapäll ...]
Ich komme aus ...	Je suis de ... [schö süi dö ...]
Darf ich ...?	Puis-je ...? [püi schö?]
Wie bitte?	Comment? [kommang?]
Ich möchte .../Haben Sie?	Je voudrais ... [schö wudrä]/Avez-vous? [aweh wu]
Wie viel kostet ...?	Combien coûte ...? [kombjäng kuht ...?]
Das gefällt mir (nicht).	Ça (ne) me plaît (pas). [ßa (nö) mö plä (pa)]
gut/schlecht/kaputt	bon [bong]/mauvais [mowä]/cassé [kaßeh]
zu viel/viel/wenig	trop [troh]/beaucoup [bokuh]/peu [pöh]
alles/nichts	tout [tuh]/rien [riäng]
Hilfe!/Achtung!	Au secours [o ßökuhr]/attention [attangßjong]
Polizei/Feuerwehr/Krankenwagen	police [poliß]/pompiers [pompieh]/ambulance [ambülangß]

DATUMS- & ZEITANGABEN

Montag/Dienstag	lundi [längdi]/mardi [mardi]
Mittwoch/Donnerstag	mercredi [märcrödi]/jeudi [schödi]
Freitag/Samstag/Sonntag	vendredi [vangdrödi]/samedi [ßamdi]/dimanche [dimangsch]
Werktag/Feiertag	jour ouvrable [schur uwrabl]/jour férié [schur ferieh]
heute/morgen/gestern	aujourd'hui [oschurdüi]/demain [dömäng]/hier [jähr]
Stunde/Minute	heure [öhr]/minute [minüt]
Tag/Nacht/Woche	jour [schur]/nuit [nüi]/semaine [ßömän]
Monat/Jahr	mois [moa]/année [aneh]

Tu parles français?

„Sprichst du Französisch?" Dieser Sprachführer hilft Ihnen, die wichtigsten Wörter und Sätze auf Französisch zu sagen

Wie viel Uhr ist es?	Quelle heure est-t-il? [käl ör ät il]
Es ist drei Uhr	Il est trois heures [il ä troasör]
Es ist halb vier	Il est trois heures et demi [il ä troasör e dömi]
Viertel vor vier	quatre heures moins le quart [katrör moäng lö kar]
Viertel nach vier	quatre heures et quart [katrör e kar]

UNTERWEGS

offen/geschlossen	ouvert [uwär]/fermé [färmeh]
Eingang/Einfahrt	entrée [angtreh]
Ausgang/Ausfahrt	sortie [ßorti]
Abfahrt/Abflug/Ankunft	départ [depahr]/départ [depahr]/arrivée [arriweh]
Toiletten/Damen/Herren	toilettes [toalett]/femmes [famm]/hommes [omm]
(kein) Trinkwasser	eau (non) potable [o (nong) potabl]
Wo ist ...?/Wo sind ...?	Où est ...? [u ä]/Où sont ...? [u ßong ...]
links/rechts	à gauche [a gohsch]/à droite [a droat]
geradeaus/zurück	tout droit [tu droa]/en arrière [ong arriähr]
nah/weit	près [prä]/loin [loäng]
Bus/Straßenbahn/ U-Bahn/Taxi	bus [büß]/tramway [tramwäi]/métro [mehtro]/taxi [takßi]
Haltestelle/Taxistand	arrêt [arrä]/station de taxi [ßtaßjong dö takßi]
Parkplatz/Parkhaus	parking [parking]
Stadtplan/[Land-]Karte	plan de ville [plang dö vil]/carte routière [kart rutjähr]
Bahnhof/Hafen/Flughafen	gare [gahr]/port [pohr]/aéroport [aeropohr]
Fahrplan/Fahrschein	horaire [orär]/billet [bije]
einfach/hin und zurück	aller simple [aleh ßämpl]/aller-retour [aleh rötuhr]
Zug/Gleis/Bahnsteig	train [träng]/voie [woa]/quai [käh]
Ich möchte ... mieten.	Je voudrais ... louer. [schö wudräh... lueh]
ein Auto/ein Fahrrad/ ein Boot	une voiture [ün woatür]/un vélo [äng weloh]/ un bateau [äng batoh]
Tankstelle	station d'essence [ßtaßjong deßangß]
Benzin/Diesel	essence [eßangß]/diesel [diesäl]
Panne/Werkstatt	panne [pann]/garage [garahsch]

ESSEN & TRINKEN

Die Speisekarte, bitte.	La carte, s'il vous plaît. [la kart ßil wu plä]
Könnte ich bitte ... haben?	Puis-je avoir ... s'il vous plaît [püischö awoar ... ßil wu plä]
Flasche/Karaffe/Glas	bouteille [buteij]/carafe [karaf]/verre [wär]
Messer/Gabel/Löffel	couteau [kutoh]/fourchette [furschät]/cuillère [küijär]
Salz/Pfeffer/Zucker	sel [ßäl]/poivre [poawr]/sucre [ßükr]

Essig/Öl	vinaigre [winägr]/huile [üil]
Milch/Sahne/Zitrone	lait [lä]/crême [kräm]/citron [ßitrong]
kalt/versalzen/nicht gar	froid [froa]/trop salé [tro ßaleh]/pas cuit [pa küi]
mit/ohne Eis/Kohlensäure	avec [awäk]/sans [ßang] glaçons/gaz [glaßong/gaß]
Vegetarier(in)	végétarien(ne) [weschetarijäng/weschetarijänn]
Ich möchte zahlen, bitte.	Je voudrais payer, s'il vous plaît. [schön wudrä pejeh, ßil wu plä]
Rechnung/Quittung	addition [adißjong]/reçu [rößü]

EINKAUFEN

Apotheke/Drogerie	pharmacie [farmaßi]/droguerie [drogöri]
Bäckerei/Markt	boulangerie [bulangschöri]/marché [marscheh]
Einkaufszentrum	centre commercial [ßangtre komerßial]
Kaufhaus	grand magasin [grang magasäng]
100 Gramm/1 Kilo	cent grammes [ßang gramm]/un kilo [äng kilo]
teuer/billig/Preis	cher [schär]/bon marché [bong marscheh]/prix [pri]
mehr/weniger	plus [plüß]/moins [moäng]
aus biologischem Anbau	de l'agriculture biologique [dö lagrikültür bioloschik]

ÜBERNACHTEN

Ich habe ein Zimmer reserviert	J'ai réservé une chambre [scheh reserweh ün schangbr]
Haben Sie noch ...?	Avez-vous encore ...? [aweh wusangkor ...]
Einzel-/Doppelzimmer/Frühstück	chambre simple/double [schangbr ßämplö/dublö] petit déjeuner [pöti deschöneh]
Halbpension/Vollpension	demi-pension [dömi pangßjong]/pension complète [pangßjong komplät]
Dusche/Bad	douche [dusch]/bain [bäng]
Balkon/Terrasse	balcon [balkong] /terrasse [teraß]
Schlüssel/Zimmerkarte	clé [kleh]/carte magnétique [kart manjetik]
Gepäck/Koffer/Tasche	bagages [bagahsch]/valise [walis]/sac [ßak]

BANKEN & GELD

Bank/Geldautomat/Geheimzahl	banque [bangk]/guichet automatique [gischeh otomatik]/code [kodd]
bar/Kreditkarte	comptant [komtang]/carte de crédit [kart dö kredi]
Banknote/Münze	billet [bijeh]/monnaie [monä]

GESUNDHEIT

Arzt/Zahnarzt/Kinderarzt	médecin [medßäng]/dentiste [dangtißt]/pédiatre [pediatrö]
Krankenhaus/Notfallpraxis	hôpital [opital]/urgences [ürschangß]

SPRACHFÜHRER

Fieber/Schmerzen	fièvre [fiäwrö]/douleurs [dulör]
Durchfall/Übelkeit	diarrhée [diareh]/nausée [noseh]
Sonnenbrand	coup de soleil [ku dö ßolej]
entzündet/verletzt	enflammé [angflameh]/blessé [bleßeh]
Pflaster/Verband	pansement [pangßmang]/bandage [bangdahsch]
Salbe/Schmerzmittel	pommade [pomad]/analgésique [analschesik]

TELEKOMMUNIKATION & MEDIEN

Briefmarke	timbre [tämbrö]
Brief/Postkarte	lettre [lätrö]/carte postale [kart poßtal]
Ich brauche eine Telefonkarte fürs Festnetz.	J'ai besoin d'une carte téléphonique pour fixe. [scheh bösoäng dün kart telefonik pur fiekß]
Ich suche eine Prepaidkarte für mein Handy.	Je cherche une recharge pour mon portable. [schö schärsch ün röscharsch pur mong portablö]
Wo finde ich einen Internetzugang?	Où puis-je trouver un accès à internet? [u püische truweh äng akßä a internet]
wählen/Verbindung/besetzt	composer [komposeh]/connection [konekßiong]/occupé [oküpeh]
Steckdose/Ladegerät	prise électrique [pris elektrik]/chargeur [scharschör]
Computer/Batterie/Akku	ordinateur [ordinatör]/batterie [battri]/accumulateur [akümülatör]
At-Zeichen	arobase [arobaß]
Internet-/E-Mail-Adresse	adresse internet/mail [adräß internet/mejl]
Internetanschluss/WLAN	accès internet [akßä internet]/wi-fi [wifi]
E-Mail/Datei/ausdrucken	mail [mejl]/fichier [fischjeh]/imprimer [ämprimeh]

FREIZEIT, SPORT & STRAND

Strand	plage [plahsch]
Sonnenschirm/Liegestuhl	parasol [paraßol]/transat [trangßat]
Ebbe/Flut/Strömung	marée basse [mareh baß]/marée haute [mareh ot]/courant [kurang]
Seilbahn/Sessellift	téléphérique [teleferik]/télésiège [teleßiäsch]
Schutzhütte	refuge [röfüsch]

ZAHLEN

0	zéro [sero]		8	huit [üit]
1	un, une [äng, ühn]		9	neuf [nöf]
2	deux [döh]		10	dix [diß]
3	trois [troa]		20	vingt [väng]
4	quatre [katr]		100	cent [ßang]
5	cinq [ßänk]		1000	mille [mil]
6	six [ßiß]		½	un[e] demi[e] [äng/ühn dömi]
7	sept [ßät]		¼	un quart [äng kar]

REISEATLAS

Die grüne Linie ▬▬ zeichnet den Verlauf der Ausflüge & Touren nach
Die blaue Linie ▬▬ zeichnet den Verlauf der Perfekten Route nach

Der Gesamtverlauf aller Touren ist auch in der herausnehmbaren Faltkarte eingetragen

Bild: Antibes – mit herrlicher Altstadt und modernem Yachthafen ganz typisch Côte d'Azur

Unterwegs an der Côte d'Azur

Die Seiteneinteilung für den Reiseatlas finden Sie auf dem hinteren Umschlag dieses Reiseführers

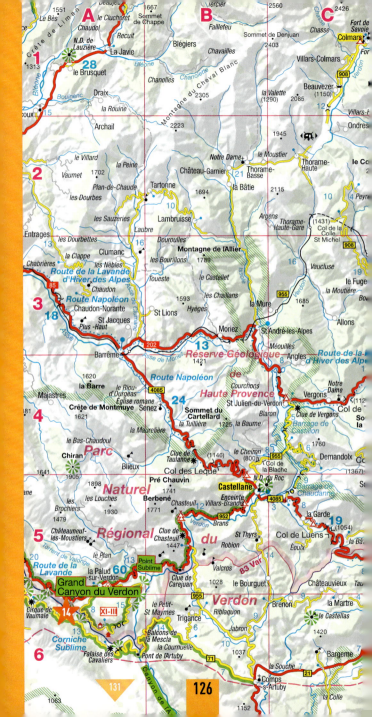

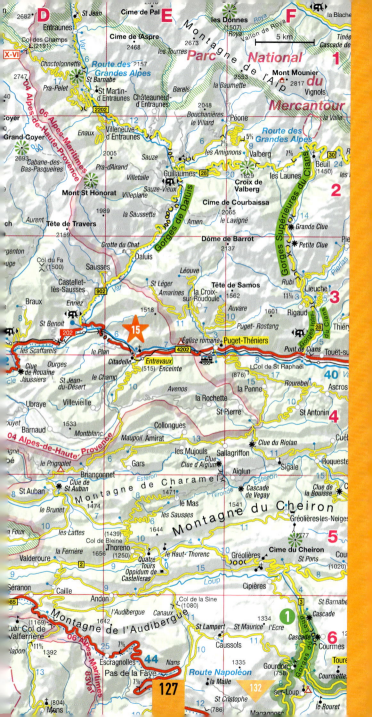

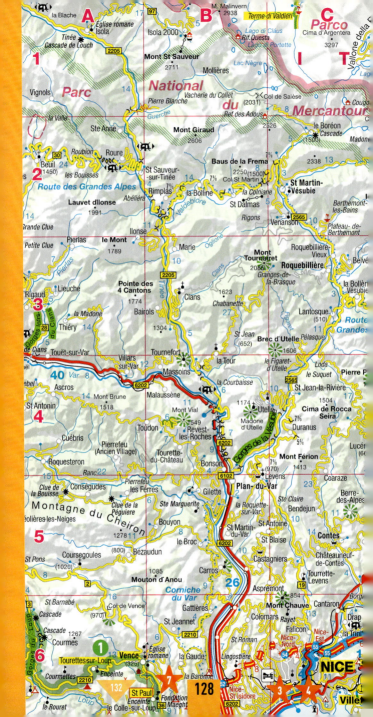

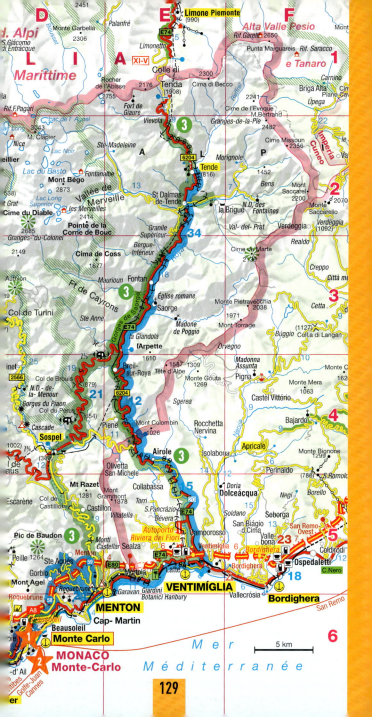

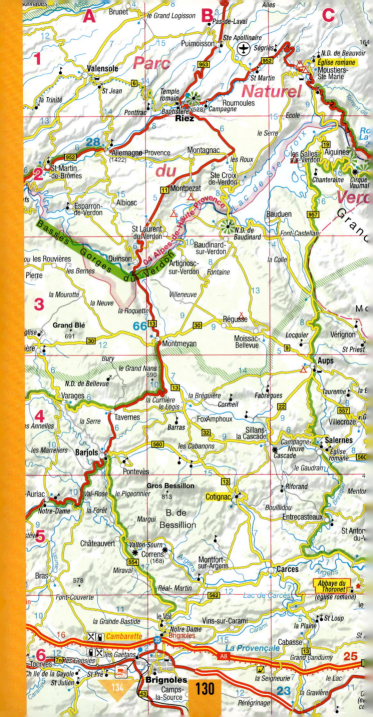

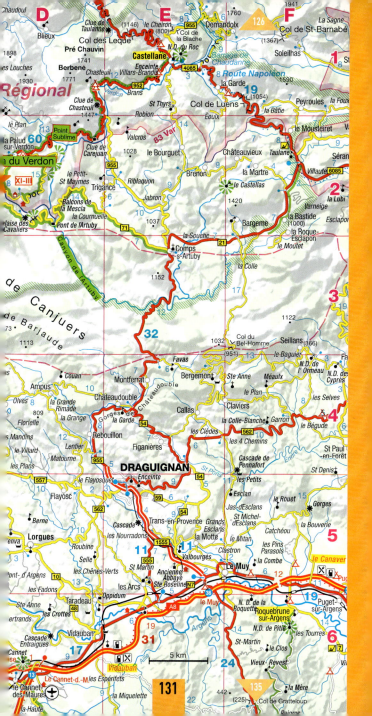

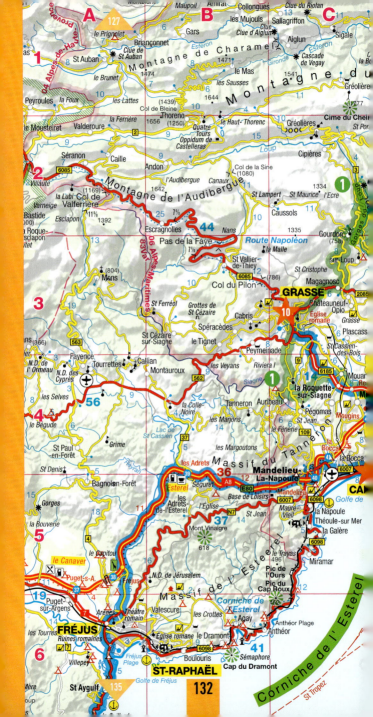

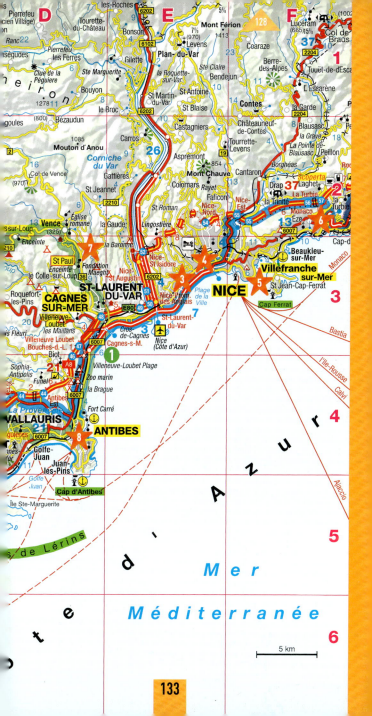

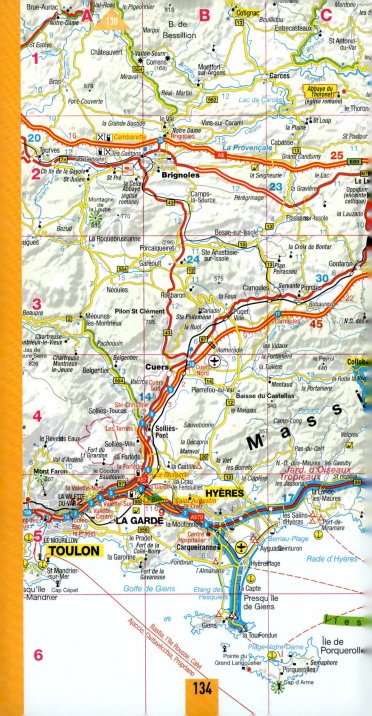

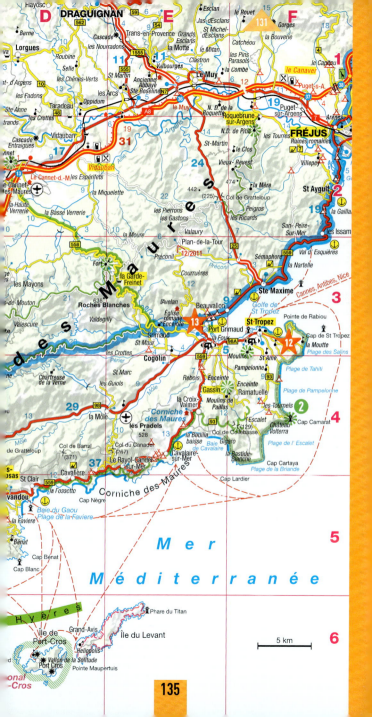

KARTENLEGENDE

Autobahn mit Anschlussstelle und Anschlussnummer	Motorway with junction and junction number
Autobahn in Bau mit voraussichtlichem Fertigstellungsdatum	Motorway under construction with expected date of opening
Rasthaus mit Übernachtung · Raststätte	Hotel, motel · Restaurant
Kiosk · Tankstelle	Snackbar · Filling-station
Autohof · Parkplatz mit WC	Truckstop · Parking place with WC
Autobahn-Gebührenstelle	Toll station
Autobahnähnliche Schnellstraße	Dual carriageway with motorway characteristics
Fernverkehrsstraße	Trunk road
Verbindungsstraße	Main road
Nebenstraßen	Secondary roads
Fahrweg · Fußweg	Carriageway · Footpath
Gebührenpflichtige Straße	Toll road
Straße für Kraftfahrzeuge gesperrt	Road closed for motor vehicles
Straße für Wohnanhänger gesperrt	Road closed for caravans
Straße für Wohnanhänger nicht empfehlenswert	Road not recommended for caravans
Autofähre · Autozug-Terminal	Car ferry · Autorail station
Hauptbahn · Bahnhof · Tunnel	Main line railway · Station · Tunnel
Besonders sehenswertes kulturelles Objekt	Cultural site of particular interest
Besonders sehenswertes landschaftliches Objekt	Landscape of particular interest
Ausflüge & Touren	Excursions & Tours
Perfekte Route	Perfect route
MARCO POLO Highlight	MARCO POLO Highlight
Landschaftlich schöne Strecke	Route with beautiful scenery
Touristenstraße	Tourist route
Museumseisenbahn	Tourist train
Kirche, Kapelle · Kirchenruine Kloster · Klosterruine	Church, chapel · Church ruin Monastery · Monastery ruin
Schloss, Burg · Burgruine Turm · Funk-, Fernsehturm	Palace, castle · Castle ruin Tower · Radio or TV tower
Leuchtturm · Windmühle Denkmal · Soldatenfriedhof	Lighthouse · Windmill Monument · Military cemetery
Ruine, frühgeschichtliche Stätte · Höhle Hotel, Gasthaus, Berghütte · Heilbad	Archaeological excavation, ruins · Cave Hotel, inn, refuge · Spa
Campingplatz · Jugendherberge Schwimmbad, Erlebnisbad, Strandbad · Golfplatz	Camping site · Youth hostel Swimming pool, leisure pool, beach · Golf-course
Botanischer Garten, sehenswerter Park · Zoologischer Garten	Botanical gardens, interesting park · Zoological garden
Bedeutendes Bauwerk · Bedeutendes Areal	Important building · Important area
Verkehrsflughafen · Regionalflughafen	Airport · Regional airport
Flugplatz · Segelflugplatz	Airfield · Gliding site
Boots- und Jachthafen	Marina

FÜR DIE NÄCHSTE REISE ...

ALLE **MARCO POLO** REISEFÜHRER

DEUTSCHLAND

Allgäu
Amrum/Föhr
Bayerischer Wald
Berlin
Bodensee
Chiemgau/
 Berchtesgadener
 Land
Dresden/
 Sächsische
 Schweiz
Düsseldorf
Eifel
Erzgebirge/
 Vogtland
Franken
Frankfurt
Hamburg
Harz
Heidelberg
Köln
Lausitz/
 Spreewald/
 Zittauer Gebirge
Leipzig
Lüneburger Heide/
 Wendland
Mark Brandenburg
Mecklenburgische
 Seenplatte
Mosel
München
Nordseeküste
 Schleswig-Holstein
Oberbayern
Ostfriesische Inseln
Ostfriesland/
 Nordseeküste
 Niedersachsen/
 Helgoland
Ostseeküste
 Mecklenburg-
 Vorpommern
Ostseeküste
 Schleswig-Holstein
Pfalz
Potsdam
Rheingau/
 Wiesbaden
Rügen/Hiddensee/
 Stralsund
Ruhrgebiet
Sauerland
Schwäbische Alb
Schwarzwald
Stuttgart
Sylt
Thüringen
Usedom
Weimar

ÖSTERREICH SCHWEIZ

Berner Oberland/
 Bern
Kärnten
Österreich
Salzburger Land
Schweiz
Steiermark
Tessin
Tirol
Wien
Zürich

FRANKREICH

Bretagne
Burgund
Côte d'Azur/
 Monaco
Elsass
Frankreich
Französische
 Atlantikküste
Korsika
Languedoc-Roussillon
Loire-Tal
Nizza/Antibes/
 Cannes/Monaco
Normandie
Paris
Provence

ITALIEN MALTA

Apulien
Capri
Dolomiten
Elba/Toskanischer
 Archipel
Emilia-Romagna
Florenz
Gardasee
Golf von Neapel
Ischia
Italien
Italienische Adria
Italien Nord
Italien Süd
Kalabrien
Ligurien/Cinque
 Terre
Mailand/Lombardei
Malta/Gozo
Oberital. Seen
Piemont/Turin
Rom
Sardinien
Sizilien/Liparische
 Inseln
Südtirol
Toskana
Umbrien
Venedig
Venetien/Friaul

SPANIEN PORTUGAL

Algarve
Andalusien
Barcelona
Baskenland/Bilbao
Costa Blanca
Costa Brava
Costa del Sol/
 Granada
Fuerteventura
Gran Canaria
Ibiza/Formentera
Jakobsweg/Spanien
La Gomera/
 El Hierro
Lanzarote
La Palma
Lissabon
Madeira
Madrid
Mallorca
Menorca
Portugal
Sevilla
Spanien
Teneriffa

NORDEUROPA

Bornholm
Dänemark
Finnland
Island
Kopenhagen
Norwegen
Oslo
Schweden
Stockholm
Südschweden

WESTEUROPA BENELUX

Amsterdam
Brüssel
Dublin
Edinburgh
England
Flandern
Irland
Kanalinseln
London
Luxemburg
Niederlande
Niederländische
 Küste
Schottland
Südengland

OSTEUROPA

Baltikum
Budapest
Danzig
Estland
Kaliningrader
 Gebiet
Krakau
Lettland
Litauen/Kurische
 Nehrung
Masurische Seen
Moskau
Plattensee
Polen
Polnische
 Ostseeküste/
 Danzig
Prag
Riesengebirge
Russland
Slowakei
St. Petersburg
Tallinn
Tschechien
Ukraine
Ungarn
Warschau

SÜDOSTEUROPA

Bulgarien
Bulgarische
 Schwarzmeer-
 küste
Kroatische Küste/
 Dalmatien
Kroatische Küste/
 Istrien/Kvarner
Montenegro
Rumänien
Slowenien

GRIECHENLAND TÜRKEI ZYPERN

Athen
Chalkidiki
Griechenland
 Festland
Griechische Inseln/
 Ägäis
Istanbul
Korfu
Kos
Kreta
Peloponnes
Rhodos
Samos
Santorin
Türkei
Türkische Südküste
Türkische Westküste
Zakinthos
Zypern

NORDAMERIKA

Alaska
Chicago und
 die Großen Seen
Florida
Hawaii
Kalifornien
Kanada
Kanada Ost
Kanada West
Las Vegas
Los Angeles
New York
San Francisco
USA
USA Neuengland/
 Long Island
USA Ost
USA Südstaaten/
 New Orleans
USA Südwest
USA West
Washington D.C.

MITTEL- UND SÜDAMERIKA

Argentinien
Brasilien
Chile
Costa Rica
Dominikanische
 Republik
Jamaika
Karibik/
 Große Antillen
Karibik/
 Kleine Antillen
Kuba
Mexiko
Peru/Bolivien
Venezuela
Yucatán

AFRIKA UND VORDERER ORIENT

Ägypten
Djerba/
 Südtunesien
Dubai
Israel
Jordanien
Kapstadt/
 Wine Lands/
 Garden Route
Kapverdische Inseln
Kenia
Marokko
Namibia
Qatar/
 Bahrain/
 Kuwait
Rotes Meer/Sinai
Südafrika
Tansania/
 Sansibar
Tunesien
Vereinigte
 Arabische Emirate

ASIEN

Bali/Lombok
Bangkok
China
Hongkong/
 Macau
Indien
Indien/Der Süden
Japan
Kambodscha
Ko Samui/
 Ko Phangan
Krabi/Ko Phi Phi/
 Ko Lanta
Malaysia
Nepal
Peking
Philippinen
Phuket
Rajasthan
Shanghai
Singapur
Sri Lanka
Thailand
Tokio
Vietnam

INDISCHER OZEAN UND PAZIFIK

Australien
Malediven
Mauritius
Neuseeland
Seychellen
Südsee

REGISTER

Das Register umfasst alle im Reiseführer erwähnten Sehenswürdigkeiten, Orte und Ausflugsziele sowie einige wichtige Stichworte. Gefettete Seitenzahlen verweisen auf den Haupteintrag.

Aiglun 15, **92**, 101
Annot 89, 93, 102
Antibes U2, 12, 21, 23, **54**, 94, 103, 106, 117, 118
Aups 24
Auribeau 96
Baie des Fourmis 47
Bandol 15
Barjols **91**, 108
Bastide Blanche 97
Bauduen 89
Beaulieu-sur-Mer 13, **47**
Bellet 27
Bévéra, Tal der 21, 83
Biot 4, 8, 28, **48**
Bistrot de Pays **18**
Bormes-les-Mimosas 5, 9, 12, 21, **74**, 108
Breil-sur-Roya 98, 107
Bresque, Tal der 91
Brignoles 21, 29
Cabris 4, 65
Cagnes-sur-Mer **48**, 52, 94, 116
Cannes U2, 13, 14, 20, 21, 22, 23, 52, **54**, **58**, 102, 103, 108, 109, 114, 117, 118
Canyon de la Mainmorte 100
Cap Camarat 97, 98
Cap d'Antibes 13, 54, **55**, 106, 116
Cap du Dramont **70**
Cap Ferrat U2, 7, 13, **48**
Cap Lardier 97
Cap Taillat 97
Cascade des Courmes 88, 95
Castellane **86**
Castérino 17
Cavalaire-sur-Mer 76, 97
Cimiez 21, 41, **43**, 44
Clue d'Aiglun 92, 101
Clue de Gréolières 88
Clue de Riolan 92
Clue des Mujouls 101
Clue de St-Auban 101
Collobrières **74**, 76
Colmiane-Valdeblore 17, 103, 107
Conservatoire du littoral 14, **19**, 97
Corniche des Crêtes 87
Corniche des Maures **76**
Corniche d'Or 61, 70
Corniche Inférieure 38
Corniche Sublime 87
Correns 4, 14, 24, **91**
Cotignac 7, **90**, 113
Coursegoules 23, 88
Cros-de-Cagnes 48
Digne 93
Digne-les-Bains 101, 107, 114
Domaine du Rayol 20, 76
Draguignan 21
Entrecasteaux **91**
Entrevaux **92**
Estéron, Tal des 82, 88, 101
Eze U2, 38, **49**, 52
Eze-Bord-de-Mer 49
Falaise de l'Escalès 102
Falaise des Cavaliers 87
Filmfestspiele **20**, 52, 54, 58
Fondation Maeght U2, **53**, 94
Fréjus 12, 21, 23, **66**, 106, 114, 117
Giens 72
Giens (Halbinsel) **72**, 103, 109

Golfe-Juan 13, 22, 23
Gonfaron 75, 107
Gorges de Daluis 5, **92**
Gorges de la Vésubie 85
Gorges de Saorge 84
Gorges du Cians 15, **92**
Gorges du Loup 88
Gourdon **65**, 96
Grand Canyon du Verdon U2, 11, 15, 82, 86, **87**, 89, 100, 101, 102, 107
Grande Corniche **38**, 52
Grasse U2, 4, 6, 11, 15, 22, 28, 54, **62**, 64, 94, 96, 109, 114, 117
Gréolières 88
Griechen 12, **21**
Grimaud 12, **75**
Guillaumes 93
Héraclée 97
Hyères 103, 106, 116
Hyères-les-Palmiers 13, 21, **70**, 103, 109, 114
Hyerische Inseln U2, 23, **73**
Hypermarché **21**
Iles de Lérins 59, **60**, 89
Iles d'Or (Iles d'Hyères) U2
Iles d'Or (Iles d'Hyères) 23, **73**
Juan-les-Pins 16, **57**, 106, 109
Kartause La Verne 76
Küstenwanderpfad 4, 15, 20, 48, 97, 103
La Brigue 23, 85, 99
Lac de Ste-Croix 89, 107
La Croix-Valmer 76, 97
La Garde-Freinet 12, **75**
La Londe 23
La Madone d'Utelle 85
La Madrague 4
La Napoule 103
La Palud 87, 88
La Turbie 12, 27, 36, 38, **39**
Le Cannet 27, 114
Le Lavandou **75**, 76, 103
Le Pradet 8, **81**
Lerinische Inseln 59, **60**, 89
Les Alpes Maritimes 41, **82**, 94, 103
Les Arcs 29, 111
L'Escalet 72, 79, 98
Levant, Ile de 23, 73
Loup, Tal des 15, 82, 88
Lucéram 7, 23, **49**, 109
Mandelieu-La-Napoule **61**, 102, 103, 108, 114, 116
Marina Baie des Anges 94
Massif de l'Esterel 66, **70**, 115, 140
Massif des Maures 12, 66, **73**, 79, 107, 115, 140
Menton 7, 13, 15, 28, **38**, 98, 99, 108, 114, 116, 117
Mercantour, Parc National du 11, 15, 17, **83**, 84, 85, 99, 107
Monaco 7, 8, 9, 12, 13, 14, 16, 18, 22, 23, 25, **32**, 52, 104, 108, 109, 113
Montagne du Cheiron **88**
Monte-Carlo U2, 13, 16, 18, 27, **32**, 35, 37, 108
Mouans-Sartoux 5, 96
Mougins 60, **61**, 96
Moustiers-Ste-Marie 28, 88, **89**, 107
Moyenne Corniche 38
Napoléon 13, **22**, 38

Nationalpark Mercantour 11, 15, 17, **83**, 85, 99, 107
Negresco, Hôtel 7, 13, 42, **47**
Nizza U2, 5, 6, 7, 8, 9, 12, 13, 14, 16, 18, 21, 22, 23, 24, 28, 29, 38, **40**, 50, 52, 55, 58, 92, 93, 100, 101, 103, 104, 108, 109, 112, 113, 114, 116, 117, 118, 119
Notre-Dame-des-Anges 74
Pampelonne 14, 17, 98
Parfum **22**, 28, 62, 94
Peille 50, 103
Peillon **50**
Péone 93
Pic de l'Ours 70
Pic du Cap Roux 70
Piera-Cava 50
Pointe Andati 97
Pointe de la Bonne Terrasse 98
Pont-du-Loup 5, 8, 95
Porquerolles, Ile de 23, 73
Port-Cros, Ile de 4, 23, 73, 103
Port-Grimaud U2, **78**
Prominenz 22, 48, 109
Puget-Théniers 93, 103
Quinson **89**
Ramatuelle 14, 17, 72, **78**
Riviera 21
Roquebrune-Cap-Martin **38**
Roquebrune, Festung 38
Roquebrune-sur-Argens 102
Roquestéron-Grasse 15, 88
Rougon 89
Route Napoléon 22, 86, 87, 114
Roya, Tal der 15, 21, 83, 98, 101
Saint-Tropez 113
Salernes 4, 28, **91**
Saorge 12, **84**, 98, 101
Saut du Loup 88
Schule von Nizza 7, **23**, 49
Seealpen 41, **82**, 94, 103
Sentier littoral 4, 15, 20, 48, 97, 103
Séranon 17
Sillans-la-Cascade **92**
Sophia-Antipolis 11, 14
Sospel 23, 83, 98
Ste-Agnès **39**
Ste-Croix 12, 89
Ste-Marguerite, Ile de 52, 61
Ste-Maxime 9, **79**, 140
St-Etienne-de-Tinée 84
St-Honorat, Ile de 9, 61
St-Jean-Cap-Ferrat 38, 48
St-Jean-la-Rivière 85
St-Laurent-du-Var 103
St-Mandrier (Halbinsel) 72
St-Martin-Vésubie 84, 85, 107
St-Paul-de-Vence U2, 6, 50, **53**, 94
St-Raphaël 15, 22, 23, **66**, 103, 114
St-Tropez U2, 6, 7, 9, 13, 14, 22, 23, 52, **71**, 72, **76**, 103, 109, 113
Tahiti 14
Tanneron-Gebirge 21, 96
Tende 8, 84, 99, 103
Thoronet, Abbaye du **90**
Toulon 4, 11, 15, 22, 66, 72, **80**, 103, 114, 117
Tourrettes-sur-Loup 22, 29, 94
Train de Pignes U2, **93**
Trophée des Alpes (Römisches Siegesdenkmal) 12, 38, **39**

IMPRESSUM

Volberg 84, 93
Vallauris-Golfe-Juan 23, 29, **62**, 97
Vallée des Merveilles 8, 12, **84**
Vallée de Vésubie 83, **85**
Vallon Sourn 6, 91
Var, Tal des 15, 92, 102
Vence 15, **50**, 117

Verdon-Schlucht U2, 11, 15, 82, 86, **87**, 89, 100, 101, 102, 107
Via Aurelia 21, 99
Via Ferrata des Comtes Lascaris 99, 103
Via Ferrata du Baou de la Frema 5, 103
Vie Ferrate 98, 99, 102, 103

Vievola 99
Villa Ephrussi de Rothschild U2, 7, 13, 48
Villa Kérylos 13, **47**
Villecroze 12, **92**
Villefranche-sur-Mer 38, **50**, 116
Villeneuve-Loubet 105

SCHREIBEN SIE UNS!

SMS-Hotline: 0163 6 39 50 20

Egal, was Ihnen Tolles im Urlaub begegnet oder Ihnen auf der Seele brennt, lassen Sie es uns wissen! Ob Lob, Kritik oder Ihr ganz persönlicher Tipp – die MARCO POLO Redaktion freut sich auf Ihre Infos.
Wir setzen alles dran, Ihnen möglichst aktuelle Informationen mit auf die Reise zu geben. Dennoch schleichen sich manchmal Fehler ein – trotz gründ-

E-Mail: info@marcopolo.de

licher Recherche unserer Autoren/innen. Sie haben sicherlich Verständnis, dass der Verlag dafür keine Haftung übernehmen kann. Kontaktieren Sie uns per SMS, E-Mail oder Post!

MARCO POLO Redaktion
MAIRDUMONT
Postfach 31 51
73751 Ostfildern

IMPRESSUM
Titelbild: Port de Monaco, Port de Vontvielle (Huber: Johanna Huber)
Fotos: P. Bausch (1 u.); W. Dieterich (Klappe r., 2 M. o., 7, 8, 26 r., 42, 44/45, 46, 112 u.); Fleur de Café (16 u.); R. Freyer (26 l.); R. M. Gill (29, 73, 81, 107, 113); Huber: Belenos (64/65), Gräfenhain (18/19, 109), Johanna Huber (1 o.), Leimer (94/95), Puku (93), Raccanello (9), Giovanni Simeone (3 M., 10/11, 66/67, 76/77); © iStockphoto.com: Dominik Krawczyk (17 o.); H. Krinitz (Klappe l., 2 o., 5, 23, 27, 49, 53, 59, 91); N. Kustos (39, 84); Laif: Celentano (79), Heeb (97, 112 o.), Hemis (3 M., 24/25, 51, 61, 82/83, 86/87, 88, 108/109), Kirchner (100/101), Siemers (6, 28); Laif/hemis.fr: Jacques (4), Moirenc (20/21, 56, 124/125), Sonnet (30 o.); Look: Chwaszcza (2 M. u., 32/33), Friedel (15, 37), Richter (63), TerraVista (2 u., 40/41), The Travel Library (98/99); mauritius images: Imagebroker.net (104/105), mauritius images: Alamy (3 o., 30 u., 54/55, 70, 96); Photononstop (28/29), Thonig (74); Riviera Villages (17 u.); S.B.M./Realis Photo Agency, S. Darrasse (16 M.); Sirop-T Premium (16 o.); T. Stankiewicz (12, 34, 58, 68, 75, 102, 106)

13., aktualisierte Auflage 2012
Komplett überarbeitet und neu gestaltet
© MAIRDUMONT GmbH & Co. KG, Ostfildern
Chefredaktion: Michaela Lienemann (Konzept, Chefin vom Dienst), Marion Zorn (Konzept, Textchefin)
Autor: Peter Bausch; Redaktion: Christina Sothmann
Verlagsredaktion: Ann-Katrin Kutzner, Nikolai Michaelis, Silwen Randebrock
Bildredaktion: Gabriele Forst
Im Trend: wunder media, München
Kartografie Reiseatlas: © MAIRDUMONT, Ostfildern; Kartografie Faltkarte: © MAIRDUMONT, Ostfildern
Innengestaltung: milchhof: atelier, Berlin; Titel, S. 1, Titel Faltkarte: factor product münchen
Sprachführer: in Zusammenarbeit mit Ernst Klett Sprachen GmbH, Stuttgart, Redaktion PONS Wörterbücher
Das Werk einschließlich aller seiner Teile ist urheberrechtlich geschützt. Jede urheberrechtsrelevante Verwertung ist ohne Zustimmung des Verlags unzulässig und strafbar. Das gilt insbesondere für Vervielfältigungen, Übersetzungen, Nachahmungen, Mikroverfilmungen und die Einspeicherung und Verarbeitung in elektronischen Systemen.
Printed in Germany. Gedruckt auf 100% chlorfrei gebleichtem Papier

BLOSS NICHT

An der Côte d'Azur gibt es Dinge, die Sie vermeiden sollten

BEI ROTER FLAGGE INS MEER GEHEN

Das Mittelmeer ist viel gefährlicher, als es mit seinen beschaulichen Sand- und Kiesstränden aussieht. Wenn zum Beispiel an überwachten Stränden im Sommer die rote Flagge aufgezogen wird, ist das Baden wegen Strömungen, vom Mistral aufgeworfenen Wellen oder auch wegen des Auftauchens von Quallen zu riskant. Die Behörden an der Côte d'Azur haben ihre Kontrollen verfeinert und eingesehen, dass es dem Ruf des Urlaubslands schadet, wenn Touristen wegen der schmerzhaften Berührung mit giftigen Quallen im Krankenhaus und nicht am Strand landen. Halten Sie sich unbedingt an die Empfehlungen!

WERTSACHEN IM AUTO LASSEN

Die Côte d'Azur ist für Reisende eine Landschaft von paradiesischer Schönheit. Aber auch hier gibt es soziale Probleme und Armut. Autos mit ausländischem Kennzeichen sind daher Zielscheibe für Diebe. Auf keinen Fall Wertsachen im Wagen sichtbar liegen lassen. Übrigens: Der Handtaschenraub auch aus dem besetzten Auto ist eine neue Masche der Langfinger. Also nicht vergessen, in Städten und vor allem an Ampeln bei Zentralverriegelung die Autotüren per Hand zu schließen.

WILD CAMPEN

So verlockend ein schönes Plätzchen in freier Natur sein mag, um ein Zelt aufzustellen oder das Wohnmobil zu parken – französische Grundbesitzer sehen das gar nicht gern und reagieren meist sauer. Mit Bußgeld belegt wird wildes Campen in den Bergen von Esterel und Massif des Maures; ein Sicherheitsabstand von mindestens 200 m zum Wald ist überall vorgeschrieben. Viele Gemeinden an der Côte d'Azur haben extra Stationen für Wohnmobile eingerichtet, und an Campingplätzen in herrlicher Lage fehlt es auch nicht.

STADTSPAZIERGANG IN BADEHOSE

Es mag ja bequem sein und es ist ja soo heiß. Aber halten Sie sich bitte an die einfachsten Bekleidungsvorschriften und schlendern Sie nicht in der Badehose und mit dem übergeworfenen Handtuch durch die Städte. Die Zeit fürs Umziehen nach dem Strandbesuch sollten Sie sich nehmen und ein bisschen Stil sollte auch im Urlaub gewahrt bleiben. Städte wie Ste-Maxime am Golf von St-Tropez haben schon reagiert und belegen allzu freizügig gekleidete Einheimische und Touristen inzwischen mit Bußgeldern.

FOLKLOREKITSCH KAUFEN

Was an der Côte d'Azur und im Hinterland bisweilen als Kunst verkauft wird, ist oft Ramsch und Folklorekitsch. Vorsicht auch bei hübsch mit provenzalischen Stoffen dekorierten Flaschen von Olivenöl. Der teuer verkaufte Inhalt ist oft nicht das Geld wert. Achten Sie auf Herkunftsbezeichnungen und Echtheitszertifikate.